四库存目

青囊汇刊 ⑩

增图八宅明镜

[唐]杨筠松 ◎ 著
[清]箬冠道人 ◎ 编
宋政隆 ◎ 点校

华龄出版社
HUALING PRESS

责任编辑：薛　治
责任印制：李未圻

图书在版编目（CIP）数据

四库存目青囊汇刊. 10 /（唐）杨筠松撰；（清）箬
冠道人编；宋政隆点校. —— 北京：华龄出版社，2020. 10
ISBN 978-7-5169-1733-6

Ⅰ. ①四… Ⅱ. ①杨… ②箬… ③宋… Ⅲ. ①《四库全书》
—图书目录 Ⅳ. ①Z833

中国版本图书馆CIP数据核字（2020）第173479号

声明：依据《中华人民共和国著作权法》及《中华人民共和国著作权法实施条例》，本书作者依法享有本书的著作权。未经出版社及作者许可，禁止大量引用、节录、摘抄本书，禁止以任何方式翻印本书。

书　　名	四库存目青囊汇刊（十）：八宅明镜
作　　者	（清）箬冠道人编　宋政隆点校

出 版 人	胡福君		
出版发行	华龄出版社		
地　　址	北京市东城区安定门外大街甲57号	邮　编	100011
电　　话	（010）58122246	传　真	（010）84049572
网　　址	http://www.hualingpress.com		

印　　刷	九洲财鑫印刷有限公司		
版　　次	2020年10月第1版　2020年10月第1次印刷		
开　　本	720×1020　1/16	印　张	14.75
字　　数	238千字	印　数	1～6000
定　　价	48.00元		

版权所有　　翻印必究
本书如有破损、缺页、装订错误，请与本社联系调换

自 序

愚性素常不信乎风水，不惑于地理。混混漠漠，任意迁居；或西或东，凶吉不一；或北或南，苦乐各异，实不知其所由也。偶于己酉仲冬，适有箬冠道人来家访余，谈及八宅之妙，余叩其术，曰："乾坎艮震巽离坤兑，八宅分其吉凶，而屋有东四宅、西四宅，人有东四命、西四命。何为东四宅？坎震巽离是也。何为西四宅，坤乾兑艮是也。"又云："人有东四命、西四命，按甲子分上中下三元。如一坎三震四巽九离为东四命，二坤六乾七兑八艮为西四命。东四命宜居东四宅，西四命宜居西四宅，命与屋相合，无有不财丁并发者。如屋难以移迁，一室之内亦有二十四方向，按其位置改灶移床，即可应验。"

余即叩授其术，箬冠道师探囊取书二本授余，名曰《八宅明镜》，并授天尺一枝，云："乃杨筠松先生所著。如一宅不利，改门则利。一室不吉，改房门则吉。开门造床，依真尺寸，趋吉避凶，应验如爽。"然非梓人所用之周天尺也。令余细心玩阅，详载甚明，言讫而别。

余随以膏继晷，静心玩读，并思亲友丁财并旺者，委系合命合宅；休咎衰亡者，确是命宅相反耳。若此果阳宅之征信有凭，而房屋之吉凶有据，恰是桴鼓之相应也。书与尺其理原属一致，并行不悖，兼而用之，良有益也。堪叹世人碌碌，倘逢命屋相背，关系非细，不但终身贫苦，抑且斩绝宗嗣，祸害岂浅鲜哉！故不敢私为枕秘，付之剞劂，以公海内，使方方兴旺，处处康宁，则余之所愿毕已。

峕
乾隆五十五年岁次庚戌仲春花朝胥江钓叟顾吾庐序

凡　　例

一、斯书系箬冠道人所授，并不见有刻本传流行世，即有师偶知九宫八宅之奥，以为独得之秘密，若见天机，不肯妄泄，每见求术改宅者，屡受居奇推托，故不敢私为枕秘，谨刊流行，以公海内。

一、凡东四命宜居东四宅、西四命宜居西四宅，此千古不易之方向，必须用罗经为准，不可草率错误。

一、凡查命之九宫，须用排山掌诀，然初学者一时不能意会，莫若将《时宪书》后页纪年岁数之下，有男几有女几宫，查看无差，甚为简便。

一、凡三元，是查命宫之纲领。如上元甲子年生，男在坎一宫，女在艮八宫；中元甲子年生，男在巽四宫，女在坤二宫；下元甲子年生，男在兑七宫，女在艮八宫。余可类推。

一、凡东命人东西宅不能迁徙者，亦可改门易灶，即能转祸为福。

一、此书不但阳宅一家，而合婚实有至理存焉。如果东命配东妻、西命配西妇，非惟子多，抑且和睦。

一、凡艰嗣乏后者，细查命宫，照卦依象，改门易灶，即可广嗣续后，应验如神。

一、凡救贫求财者，细查生气方向，改门换灶，即可富厚。

一、凡除疾病，则将灶口或风炉口，向本命之天医方位，则病可不药而速愈矣。

一、凡奇灾异祸之人，查阅是书，亦可趋吉避凶，转祸为福。

一、开门之尺，地师都用门光尺，梓人所用周天尺，今书所载天尺，寔人间罕有之秘尺也，故绘刊传世。

一、《玉辇经》、《开门放水》等图等歌，只有采其大意，莫若用天尺为效。

一、集中或有重复之处，因前贤所述，不敢妄除删改。

一、积善之家，虽居恶向，拱对煞星，天道断不令伊受祸。不善之家，虽居合命合宅之屋，拱对吉星，天道断不锡之以福。所以吉凶之不应者，皆由善恶所主也。

一、板藏乐真堂。如欲玩阅者，在苏州胥门内学士街谭学龙学古斋中发兑。

目　　录

八宅明镜卷上 1

　论男女生命 1

　六十花甲纳音 2

　伏羲八卦次序之图 3

　八卦分东西四宅之图 4

　先天八卦方位 5

　后天八卦方位 6

　河图 7

　洛书 8

　先天卦配河图之象图 9

　后天卦配河图之象图 10

　先天卦变后天卦图 11

　先天卦配洛书之数图 12

　后天卦配洛书之数图 13

　排山掌上起三元甲子诀 14

　游年歌 15

　星煞吉凶 16

　东四宅　西四宅 17

　东四宅诀 19

　西四宅诀 19

　八卦三元九宫九星之图 20

　三元命卦配灶卦诀 22

九宫命宅三元排掌图	23
捷诀	24
三元甲子男女宫位便览	25
西四命　六宫	26
东四命　一宫	27
西四命　八宫	28
东四命　三宫	29
东四命　四宫	30
东四命　九宫	31
西四命　二宫	32
西四命　七宫	33
王肯堂论八宅生气等星吉凶之淙	34
福元	36
宅舍大门	37
六事	38
坑厕	39
分房	40
床座	41
灶座火门	42
作灶	44
香火	45
论婚姻	46
论女命利月如入赘论男命	47
和尚公杀男命宜忌	48
论男女生命行嫁月孤虚煞	49
阴错阳错歌	50
吕才合婚图	51
三元男女生命宫数	52
嫁娶周堂图	53
男女合婚辨谬	54

修造论	55
阳宅六煞	56
花粉煞日	58
作灶忌绝烟火日主冷退	59
分居绝烟火煞	60
九星	61
四吉星方	64
四凶星方	65
作灶求财法	66
催子法	67
催财法	68
安床造床忌用日	69
罗天大忌日	70
修造忌晦气煞日	71
神嗷鬼哭日	72
斩草破土忌用物	73
戊己都天	74
八卦方位	75
八宅东西	76
八卦所属	77
九星五形	78
三元九星图	79
总论	80
形势	81
楼	83
间数	84
门路	85
定游星法	87
天井	88
床	89

灶	91
井	92
坑	94
黄泉诀	95
黄泉吉凶	96
生命	97
九星制伏	98

八宅明镜卷下 …… 99

辰南戌北斜分一界之图	99
迁者来路元空装卦诀	101
来路灶卦方向诀	102
验过吉凶八位总断	104
增灶口向	105
增分房	106
增修方	107
生气图	108
天医图	109
延年图	110
祸害图	111
六煞图	112
五鬼图	113
绝命图	114
伏位图	115
子嗣口诀	116
乾命之宅 西四	117
巽方水绕乾局	118
乾命	119
坎命之宅 东四	121
离方水绕坎局	122

坎命	123
艮命之宅 西四	125
艮命	127
震命之宅 东四	129
震命	131
巽命之宅 东四	133
巽命	135
离命之宅 东四	136
离命	138
坤命之宅 西四	139
坤命	141
兑命之宅 西四	143
兑命	145
婚姻论	147
子息论	148
疾病论	149
灾祸论	150
求财论	151
修造论	152
通天照水经遥鞭断宅歌	153
歌断	154
诸星吉凶	155
飞宫诀	156
阳宅九宫图	156
九宫所属	157
玉辇经	176
玉辇开门放水六畜等图局	177
门楼玉辇经	186
乾门开门	190
坎宅开门	191

艮宅门路 …………………………………… 192

震宅门路 …………………………………… 193

巽宅门路 …………………………………… 194

离宅门路 …………………………………… 195

坤宅门路 …………………………………… 196

兑宅门路 …………………………………… 197

上元康熙二十三年甲子起上元 …………… 198

中元乾隆九年甲子起中元 ………………… 199

下元明天启四年甲子起下元 ……………… 200

大游年歌 …………………………………… 201

异授天尺图式 ……………………………… 202

尺法 ………………………………………… 203

造床法 ……………………………………… 204

造灶法 ……………………………………… 205

八宅明镜卷上

论男女生命

人之生命不同，宅之宜忌各异。故祖孙或盛或衰，父子或兴或废；夫妇而前后灾祥不同，兄弟而孟仲休咎迥别。或居此多坎坷，或迁彼得安康，实皆命之合与不合，有以致此也。古人云：命不易知，故从卦以演命之理，次从宅舍各事之宜，以合夫命，庶得趋所宜，而不拂天地八卦五行所生之理，则庆流奕业，而祥萃当身矣。

坎离震巽为东四宅，而男女命以三元起例，吊至此四宫者，为东命。乾坤艮兑为西四宅，而男女命以三元起例，吊至此四宫者，为西命。男之上元甲子起坎，中元甲子起巽，下元甲子起兑。自坎转离，转艮，转兑，转乾，转中，转巽，转震，转坤，而逆行，得中宫，则寄坤。女之上元甲子起中宫，中元起坤，下元起艮。自中至乾，至兑，至艮，至离，至坎，至坤，至震，至巽，而顺行，得中宫，则寄艮。俱以九宫排山掌诀，轮数而得其宫也。

六十花甲纳音

甲子金	乙丑金 海中	丙寅火	丁卯火 炉中
戊辰木	己巳木 大林	庚午土	辛未土 路傍
壬申金	癸酉金 剑锋	甲戌火	乙亥火 山头
丙子水	丁丑水 涧下	戊寅土	己卯土 城头
庚辰金	辛巳金 白镴①	壬午木	癸未木 杨柳
甲申水	乙酉水 泉中	丙戌土	丁亥土 屋上
戊子火	己丑火 霹雳	庚寅木	辛卯木 松柏
壬辰水	癸巳水 长流	甲午金	乙未金 沙中
丙申火	丁酉火 山下	戊戌木	己亥木 五地
庚子土	辛丑土 壁上	壬寅金	癸卯金 金箔
甲辰火	乙巳火 覆灯	丙午水	丁未水 天河
戊申土	己酉土 大驿	庚戌金	辛亥金 钗钏
壬子木	癸丑木 桑柘	甲寅木	乙卯水 大溪
丙辰土	丁巳土 沙中	戊午火	己未火 天上
庚申木	辛酉木 石榴	壬戌水	癸亥水 大海

---

① 按：白镴即铅锡也。

伏羲八卦次序之图

坤	艮	坎	巽	震	离	兑	乾
太阴		少阳		少阴		太阳	
仪阴				仪阳			
太极								

（图上标注：西、东；母、少男、中男、长女、长男、中女、少女、父）

坎离震巽为东四宅，少阳少阴之所生也，中长配合而成家之义也。乾坤艮兑为西四宅，大阳太阴之所生也，老少配合而成家之义也。

八卦分东西四宅之图

老母 西四 ☷ 坤
中女 东四 ☲ 离
长女 东四 ☴ 巽

少女 西四 ☱ 兑
长男 东四 ☳ 震

老父 西四 ☰ 乾
中男 东四 ☵ 坎
少男 西四 ☶ 艮

先天八卦方位

后天八卦方位

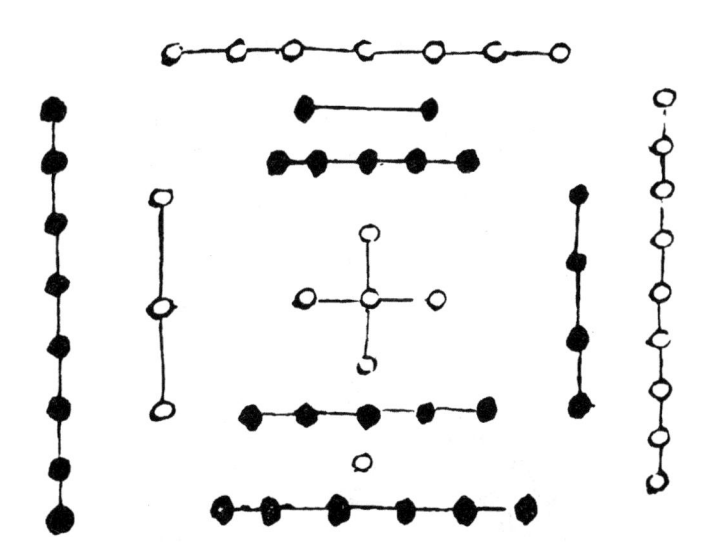

河 图

八宅明镜

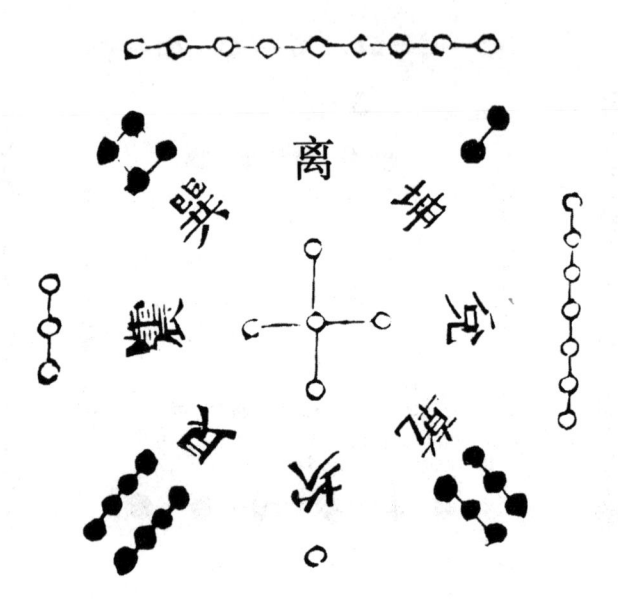

洛 书

先天卦配河图之象图

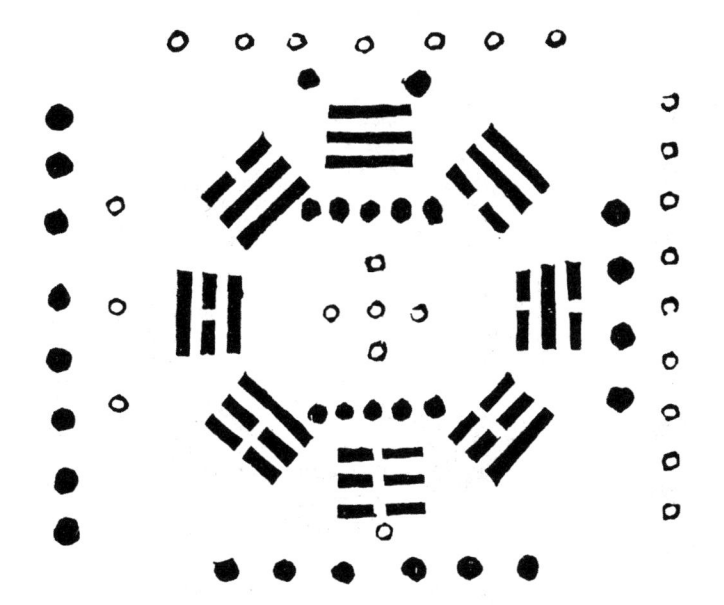

后天卦配河图之象图

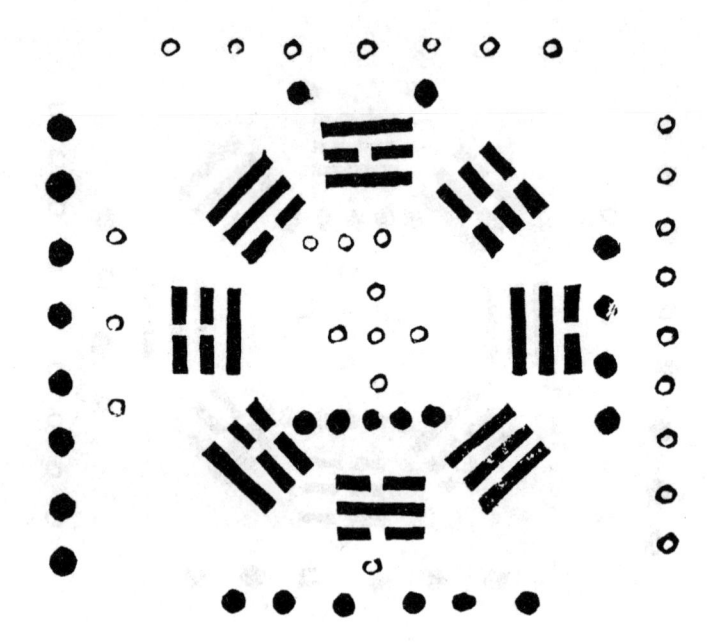

先天卦变后天卦图

八宅明镜

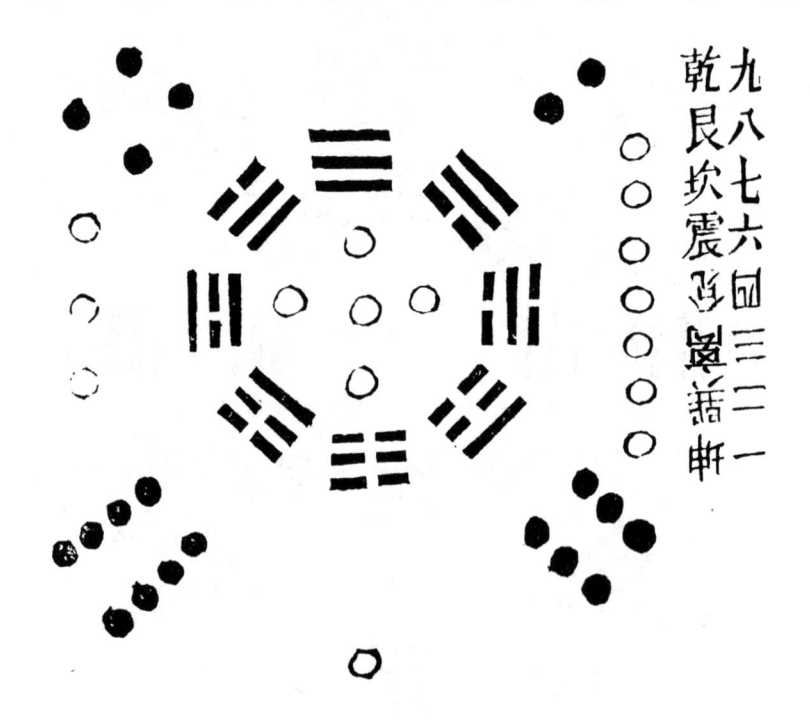

先天卦配洛书之数图

乾九 兑八 离七 震四 巽三 坎二 艮六 坤一

后天卦配洛书之数图

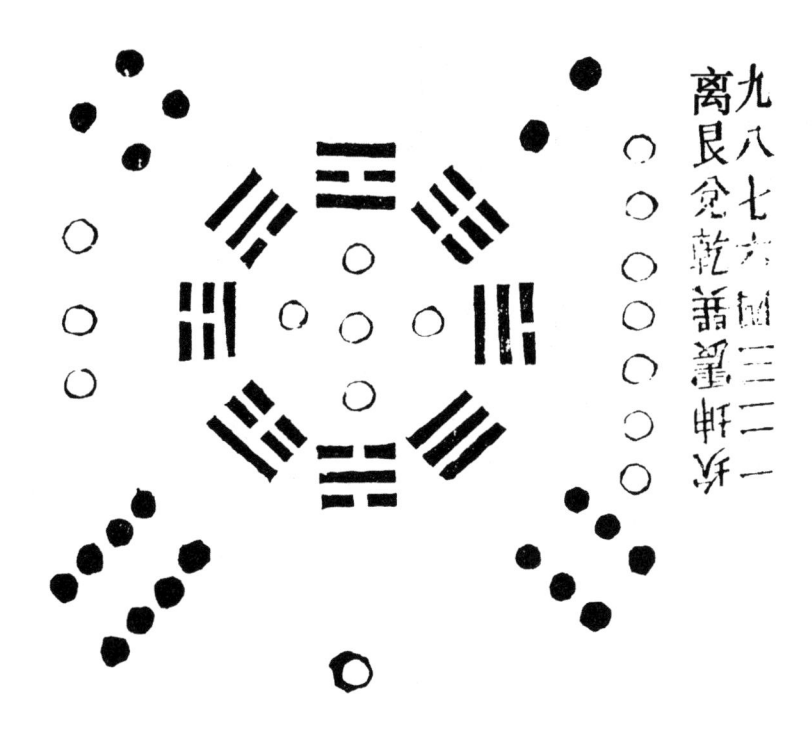

九八七六五四三二一
离艮兑乾巽震坤坎

排山掌上起三元甲子诀

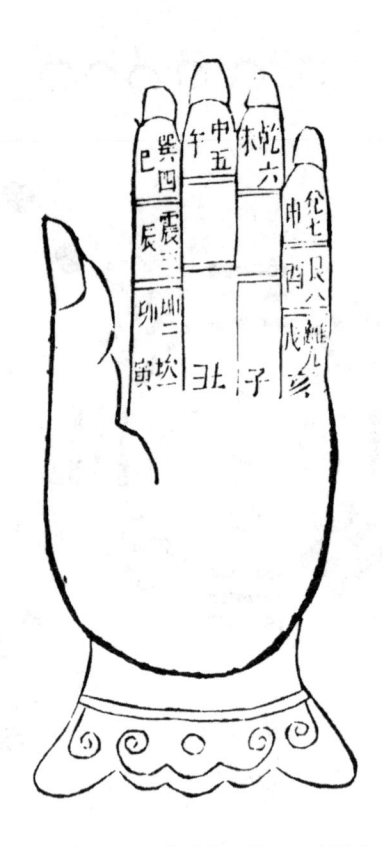

排山掌上起，从寅数到狗。一年隔一位，不用亥子丑。

上元甲子一宫连，中元起巽下兑间。

上五中二下八女，男游女顺起根源。

游年歌

坎艮震巽离坤兑
乾六天五祸绝延生
艮震巽离坤兑乾
坎五天生延绝祸六
震巽离坤兑乾坎
艮六绝祸生延天五
巽离坤兑乾坎艮
震延生祸绝五天六
离坤兑乾坎艮震
巽天五六祸生绝延
坤兑乾坎艮震巽
离六五绝延祸生天
兑乾坎艮震巽离
坤天延绝生祸五六
乾坎艮震巽离坤
兑生祸延绝六五天

星煞吉凶[①]

生气贪狼星属木上吉，
延年武曲星属金上吉，
天医巨门星属土中吉，
伏位左辅星属木小吉，
绝命破军星属金大凶，
五鬼廉贞星属火大凶，
祸害禄存星属土次凶，
六煞文曲星属水次凶。

生气辅弼亥卯未，延年绝命巳酉丑。
天医禄存四土宫，五鬼凶年寅午戌，
六煞应在申子辰，震巽坎离为东四，
乾坤艮兑西四位。

假如上元甲子宅主，甲寅年生，一宫，寅上起甲子，逆数，跳入离宫戌上起甲戌，艮宫酉上起甲申，兑宫申上起甲午，乾宫未上起甲辰，中宫午上起甲寅，是谓中宫生人寄坤，以坤宫生人主之，游年起"坤天延绝生祸五六"，按诀推之，以定吉凶

又如三元甲子宅母，甲寅年生，五中宫，午上起甲子，顺数，乾宫未上起甲戌，兑宫申上起甲申，辰宫酉上起甲午，离宫戌上起甲辰，坎宫寅上起甲寅，是谓坎宫生人主之，游年起"坎五天生延绝祸六"是也。

[①] 右弼所属不定，吉凶亦无定。

东四宅　西四宅

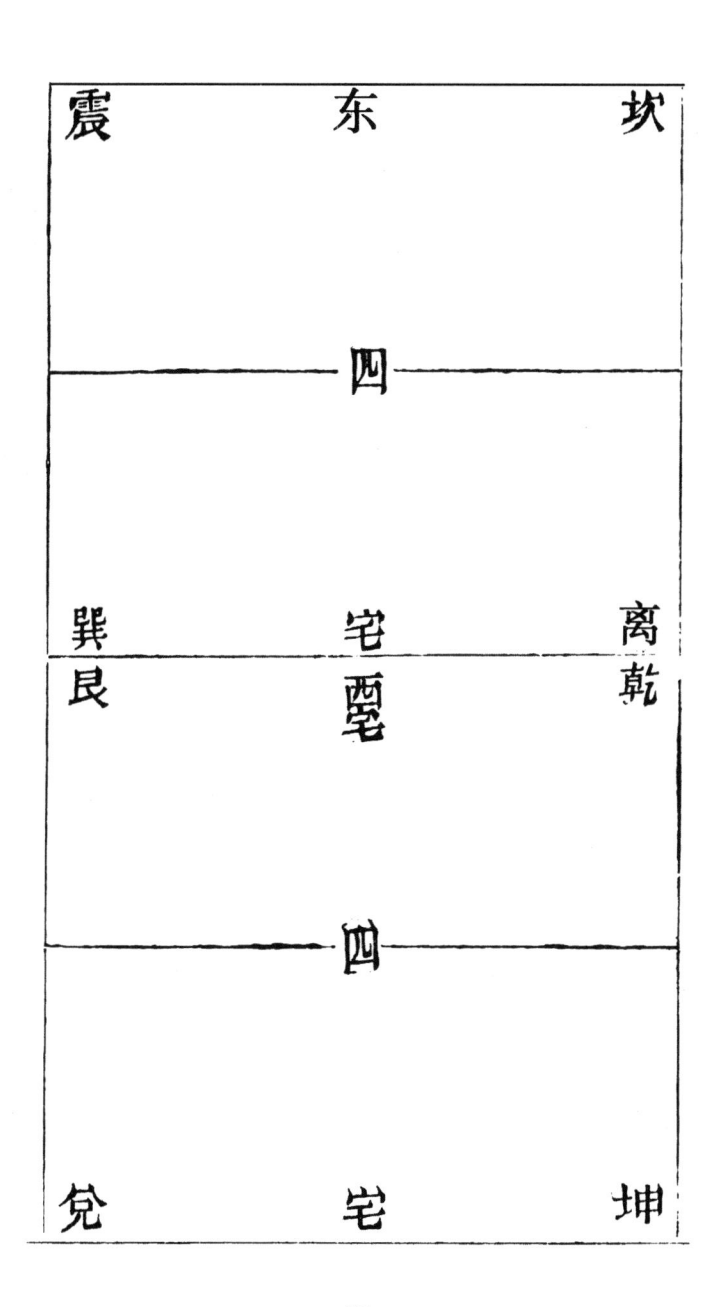

震	东	坎
巽	四宅	离乾
艮	宅图	
兑	四宅	坤

西南	坤	南离	巽 东南
正西	兑		震 正东
西北	乾	坎北	艮 东北

六	乾 未	五中午	巳辰	巽	四
七	兑 申		卯	震	三
八	艮离 酉			坤	二
九	戌		寅	坎	一

东四宅诀

震巽坎离是一家，西四宅爻莫犯他。
若还一气修成象，子孙兴旺定荣华。

西四宅诀

乾坤艮兑四宅同，东四卦爻不可逢。
误将他象混一屋，人口伤亡祸必重。

八卦三元九宫九星之图

	九 戴		
四肩	中元 巽辅弼 四绿木 皆不变 伏位	下元 离廉贞 九紫 变下二 五鬼	上元 坤禄存 二黑土 变下一 祸害	二肩
右三	上元 震贪狼 三碧木 变上一 生气	中元 五黄土	下元 兑破军 七赤金 变中爻 绝命	右七
八足	下元 艮巨门 八白土 变下二 天医	上元 坎文曲 一白水 变上下 六煞	中元 乾武曲 六白金 俱变尽 延年	六足
	一 履		

其法以洛书九宫为序，坎一，坤二，震三，巽四，中五，乾六，兑七，艮八，离九。一二三为上元，四五六为中元，七八九为下元，此三元之序也。坎为一白，坤为二黑，震为三碧，巽为四绿，中为五黄，乾为六白，兑为七赤，艮为八白，离为九紫，此紫白之序也。坎为六煞文曲水，坤为祸害禄存土，震为生气贪狼木，巽为伏位辅弼木，五中黄无星，乾为延年武曲金，艮为天医巨门土，离为五鬼廉贞火，兑为绝命破军金，此峦头九星五行本宫之定位也。其变爻相配，另其图于后。

三元命卦配灶卦诀

如天启四年，甲子系下元，男起兑宫，为兑命逆行。乙丑生，属乾命。丙寅属中寄坤，是坤命。丁卯巽，戊辰震，巳巳坤，庚午坎，辛未离，壬申艮，癸酉又属兑，以九宫逆行六十年。女命即顺轮九宫。

○今康熙二十三年甲子，又为上元。

○假如上元丁卯生女，即是宫坐命，以艮命起大游年。艮六绝祸生延天五，此西四命也，看灶门即火门也。向西四吉，东四凶。

○乾坤艮兑为西四命，坎离震巽为东四命，以大游年《摇鞭赋》断吉凶。灶屋方位，宜压本命之"绝六祸五"方煞，不宜犯其宅。其年之"都天五黄"，即灶口，宜向本命之"生天延伏"方，亦不宜向本宅之"都天五黄"。故催财宜向生气，而坤艮二命五黄在坤艮，生气亦在坤艮，因五黄同交人伏，不宜向，向则有灾。

催财丁灶口，宜向伏位，俟其年天乙贵人到命，必生子，极验。天乙贵人，即坤也。如上元甲子逆轮庚辰年，三碧值，即以碧入中四乾五兑六艮七离八坎九坤一震。若巽命人伏位灶，即天乙坤到命也。余仿此。

灶日用紫白遁得生气到火门，催财亦验，六十日应。

九宫命宅三元排掌图

巽四 起 (中)	中元甲子生男	中五 起 (上)	上元甲子生女	乾六 下元乙丑生男
震三 中元乙丑生男	中元乙丑生女			兑七 起 (下) 下元甲子生男
坤二 (中)	中元甲子生女			艮八 起 (下) 下元甲子生女
	坎一 上元甲子生男 (上)			离九 下元甲子生女 上元甲子生男

男一宫一旬，至本旬宫，逆数至生年本命。女一宫一旬，顺数至生年本命。

捷诀

甲子　甲戌　甲申　甲午　甲辰　甲寅 旬头子、戌、申、午、辰、寅。

　　　一四七宫男起布，五二八宫女顺推。

　　　男五寄二女寄八，甲子周轮本命寻。

　　　上元甲子一宫连，中元起巽下兑开。

　　　上五中二下八女，男顺女逆起根源。

算定上中下三元，不可差误。

假如上元甲子生男，起伏一宫，坎命，逆行。乙丑生是离命，丙寅生是艮命。中元甲子生男，起巽四宫，巽命。乙丑生是震命，丙寅生见坤命。下元甲子生男，起兑七宫，兑命。乙丑生是乾命，丙寅生是中五寄坤，二为坤命。

〇上元甲子生女，起中五寄八为艮命，顺行。乙丑生乾命，丙寅生兑命。中元甲子生女，起坤二宫坤命，乙丑生是震命，丙寅生是巽命。下元甲子生女，起艮八宫，是艮命。乙丑生是离命，丙寅生是坎命。余仿此。

上元男命入中寄坤命宫。

　　己巳　戊寅　丁亥　丙申　乙巳　甲寅　癸亥

中元男命入中寄坤宫。

　　壬申　辛巳　庚寅　己亥　戊申　丁巳

下元男命入中寄坤宫。

　　丙寅　乙亥　甲申　癸巳　壬寅　辛亥　庚申

上元女命入中寄艮宫。

　　甲子　癸酉　壬午　辛卯　庚子　己酉　戊午

中元女命入中寄艮宫。

　　丁卯　丙子　乙酉　甲午　癸卯　壬子　辛酉

下元女命入中寄艮宫。

　　庚午　己卯　戊子　丁酉　丙午　乙卯

康熙二十三年，上元甲子。

三元甲子男女宫位便览[①]

	上中下		上中下		上中下		上中下		上中下		上中下		上中下		上中下		上中下
甲子	一四七 五二八	甲戌	九三六 六三九	甲申	八二五 七四一	甲午	七一四 八五二	甲辰	六九三 九六三	甲寅	五八二 一七四
乙丑	九三六 六三九	乙亥	八二五 七四一	乙酉	七一四 八五二	乙未	六九三 九六三	乙巳	五八二 一七四	己卯	四七一 二八五
丙寅	八二五 七四一	丙子	七一四 八五二	丙戌	六九三 九六三	丙申	五八二 一七四	丙午	四七一 二八五	丙辰	三六九 三九六
丁卯	七一四 八五二	丁丑	六九三 九六三	丁亥	五八二 一七四	丁酉	四七一 二八五	丁未	三六九 三九六	丁巳	二五八 四一七
戊辰	六九三 九六三	戊寅	五八二 一七四	戊子	四七一 二八五	戊戌	三六九 三九六	戊申	二五八 四一七	戊午	一四七 五二八
己巳	五八二 一七四	己卯	四七一 二八五	己丑	三六九 三九六	己亥	二五八 四一七	己酉	一四七 五二八	己未	九三六 六三九
庚午	四七一 二八五	庚辰	三六九 三九六	庚寅	二五八 四一七	庚子	一四七 五二八	庚戌	九三六 六三九	庚申	八二五 七四一
辛未	三六九 三九六	辛巳	二五六 四一七	辛卯	一四七 五二八	辛丑	九三六 二八五	辛亥	八二五 七四一	辛酉	七一四 八五二
壬申	二五八 四一七	壬午	一四七 五二八	壬辰	九三六 六三九	壬寅	八二五 七四一	壬子	七一四 八五二	壬戌	六九三 九六三
癸酉	一四七 五二八	癸未	九三六 六三九	癸巳	八二五 七四一	癸卯	七一四 八五二	癸丑	六九三 九六三	癸亥	五八二 一七四

　　假如甲子下前一行小字一四七数，乃男命三元九宫。甲子下后一行小字五二八数，是女命三元九宫。余仿此。逢一坎二坤三震四巽，五男寄坤，女寄艮，六乾七兑八艮九离，依后天八卦方位合洛书之数。

　　〇此乃照《时宪书》所载三元九宫，亦与王肯堂《笔麈》所记以入。

[①] 乾隆九年甲子后所生男女，系中元安命。

八宅明镜

西四命　六宫

西四宅

西四命　六宫

西四宅

东四命　一宫

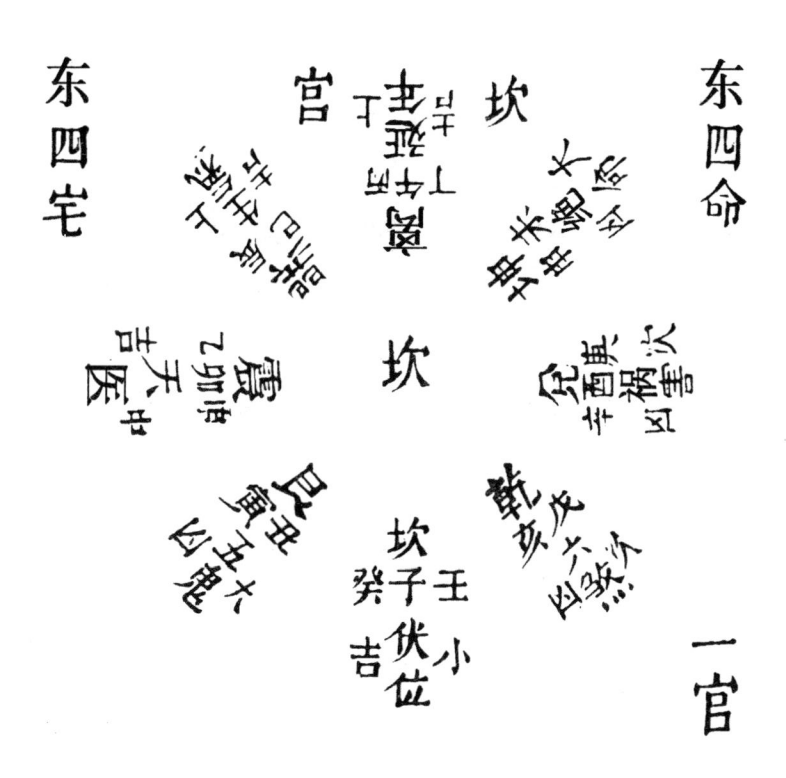

东四宅　　宫　坎　东四命

　　　　　震卯乙　坎　兑酉辛
　　　　　延年上吉　　　六煞凶

　　艮寅丑　　　　　　　乾亥戌
　　五鬼凶　　　　　　　六煞凶

　　　　　坎癸子　壬　一宫
　　　　　伏位吉　小吉

东四宅

八宅明镜

西四命　八宫

西四命　　八宫

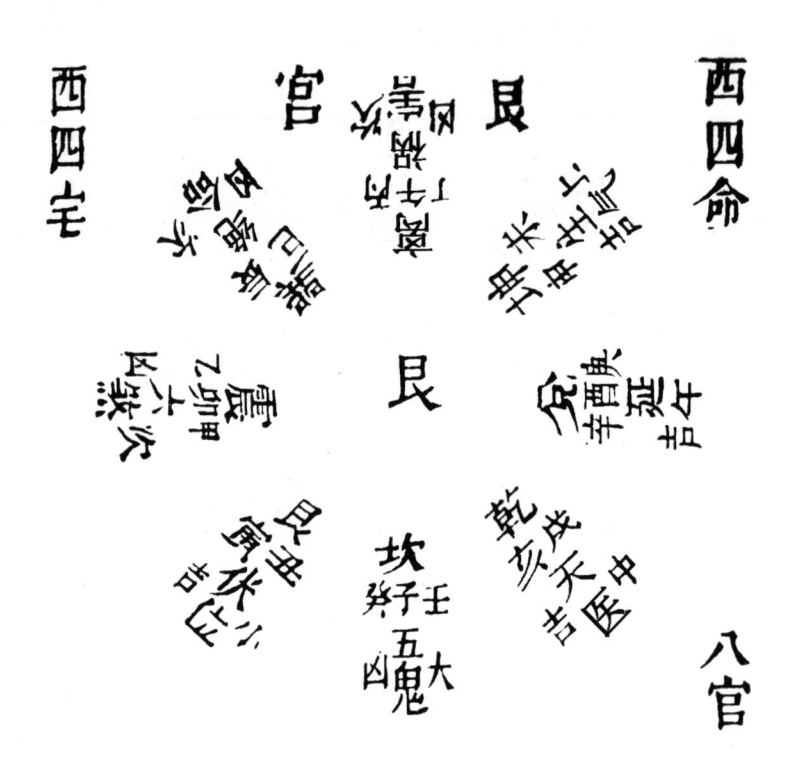

西四宅

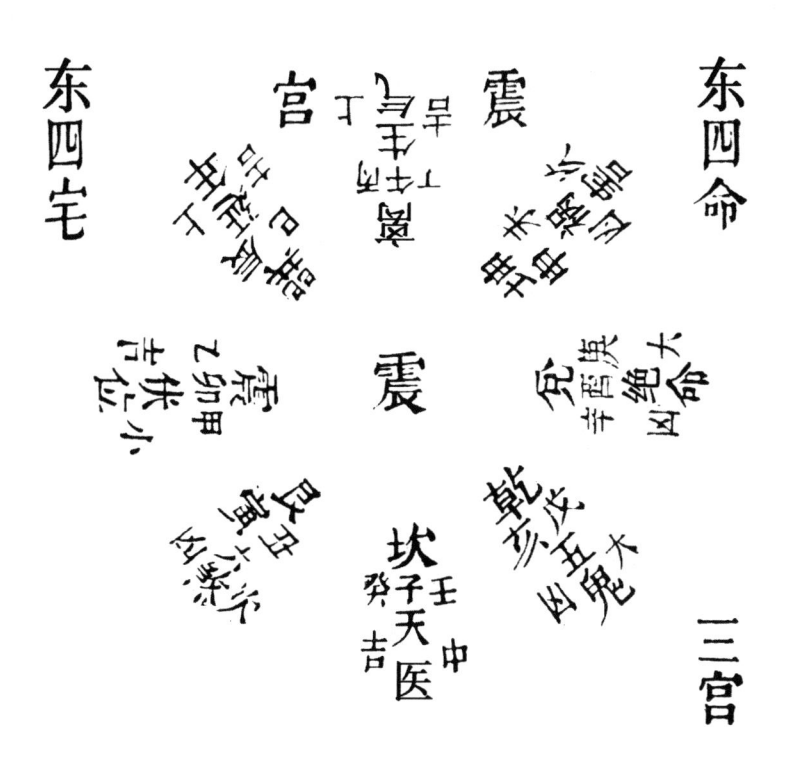

东四命　三宫

东四宅

东四命　三宫

东四宅

东四命　四宫

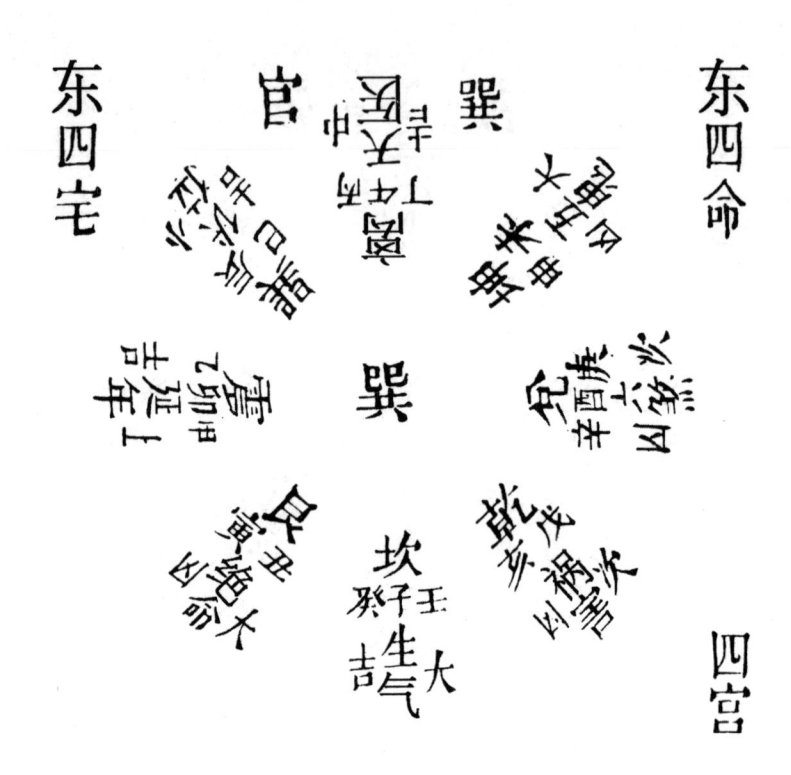

东四宅

东四命　九宫

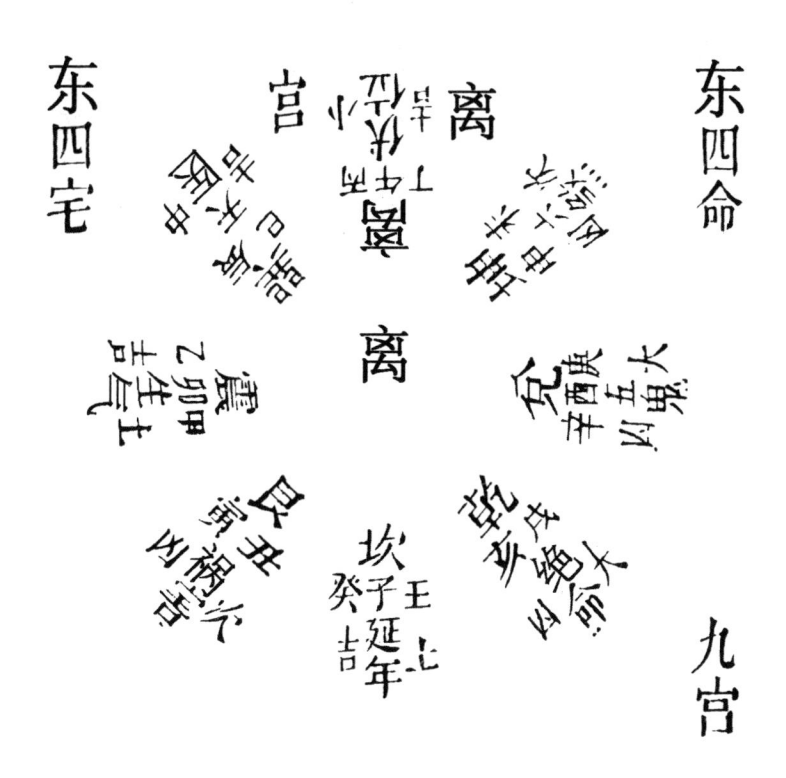

东四宅

东四命

九宫

东四宅

西四命　二宫

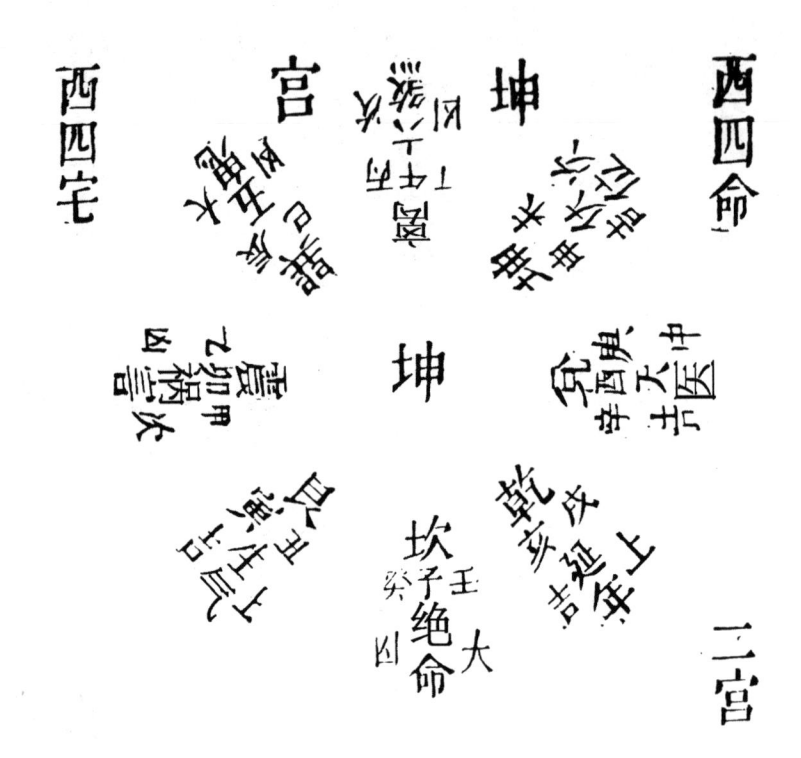

西四宅

西四命　七宫

西四宅

兑
宫

西四命
七宫

西四宅

王肯堂论八宅生气等星吉凶之淙

自太极分阴阳，阳之中有阴有阳，所谓太阳少阴也。阴之中有阳有阴，所谓太阴少阳也。太阳之中，阳乾阴兑。少阴之中，阳震阴离。少阳之中，阳坎阴巽。太阴之中，阳艮阴坤。所谓先天八卦也。乾父，坤母，震长男，巽长女，坎中男，离中女，艮少男，兑少女，所谓后天八卦也。阳道主变，其数以进为极，故乾父得九，震长男得八，坎中男得七，艮少男得六。阴道主化，其数以退为极，故坤母得一，巽长女得二，离中女得三，兑少女得四，此河图洛书自然之数而不离于五者也。故先天之合为生气焉，后天之合为延年焉，五数之合为天医焉。乾九合艮六，坎七合震八，坤一合兑四，巽二合离三，阳得十五而阴得五，故曰五数之合也，其不合者皆凶矣。乾与离，兑与震，坤与坎，艮与巽，皆以阴而克阳，凶莫甚矣，故为绝命也。乾与震，巽与坤，坎与艮，兑与离，皆阳克阳，阴克阴，其凶次之，故为五鬼也。乾与坎，艮与震，巽与兑，坤与离，皆六亲相刑，故为六煞也。乾与巽，坎与兑，艮与离，坤与震，金水土相克，而子酉丑午相破，故为祸害也。总之合皆比而生吉，不合者相克而生凶，此东四西四八宅之所以判，而各星分配之所以殊也。

画卦自下而上，变卦自上而下，故一变而乾得兑，兑得乾，离得震，震得离，巽得坎，坎得巽，艮得坤，坤得艮，所以为生气也。二变而乾得震，震得乾，坎得艮，艮得坎，巽得坤，坤得巽，兑得离，离得兑，所以为五鬼也。三变而乾得坤，坤得乾，坎得离，离得坎，震得巽，巽得震，艮得兑，兑得艮，所以为延年也。四变而乾得坎，坎得乾，艮得震，震得艮，巽得兑，兑得巽，离得坤，坤得离，所以为六煞也。五变而乾得巽，巽得乾，坎得兑，兑得坎，艮得离，离得艮，震得坤，坤得震，所以为祸害也。六变而乾得艮，艮得乾，坎得震，震得坎，巽得离，离得巽，坤得兑，兑得坤，所以为天医也。七变而乾得离，离得乾，坎得坤，坤得坎，艮得巽，巽得艮，震得兑，兑得震，所以为绝命也。世所传《游年歌》，其源实出于此，而持为捷法，以括之时师，执流而忘源，不复深求其故，此吉凶所以无据也。

八	七	六	五	四	三	二	一
坤	艮	坎	巽	震	离		兑
太阴		少阳		少阴			太阳

阴	阳

福元

　　宅之坐山为福德宫，人各有所宜。东四命居东四宅，西四命居西四宅，是为得福元。如西而居东，东而居西方，虽或吉，不受福也。如东西之宅难改，当于大门改之。如大门难改，当权其房之吉以位之。如房不可易，当移其床以就其吉，则虽无力贫家，亦可邀福也。

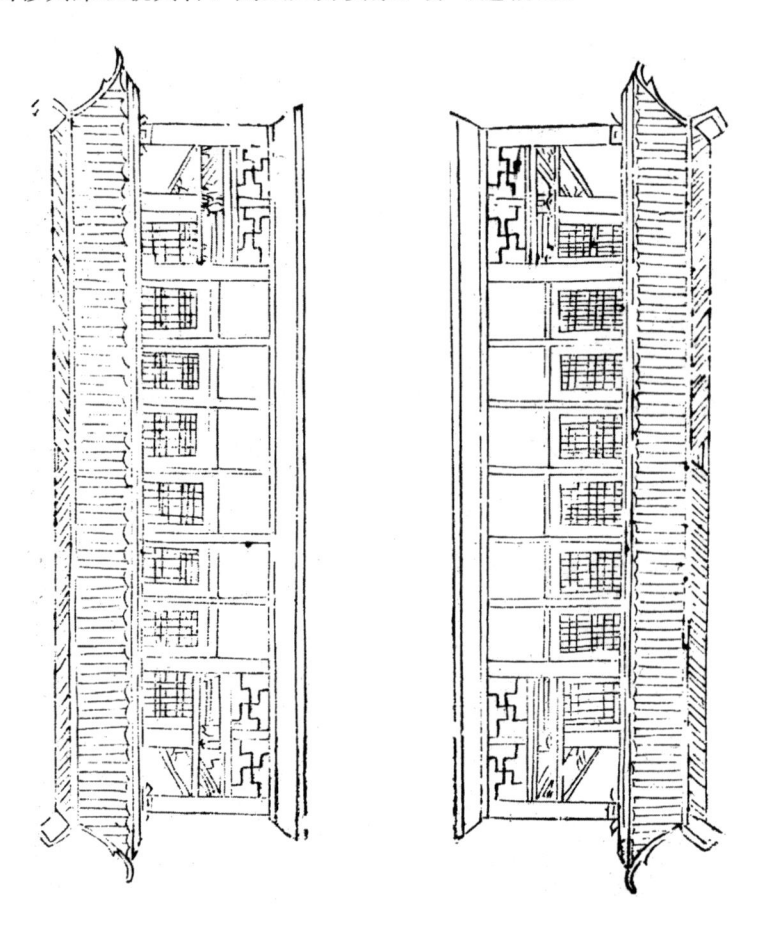

增图 1　房

宅舍大门

　　大门宜安于本命之四吉方，不可安于本命之四凶方，又须合青龙坐山之吉方以开门，又宜迎来水之吉以立门。三者俱全，则得福而奕叶流光矣。屋有坐有向，命有东有西，若专论山向而不论命者大凶，论命而不论山向者小凶，合命又合坐向者则永福。如乾山巽向乃西四宅也，大门宜在坤兑艮方，以配乾之西四坐山；而床香火后门店铺铺仓库之类，亦宜安西四吉之位，以合坐山。若灶座坑厕碓磨，则宜安西四宅之四凶方，以压其凶；而灶之火门，又宜向四吉方，烟道宜出四凶方，以熏凶神。但此宅惟乾坤艮兑西四宅命居之吉，若坎离震巽东四宅命居之则凶矣。

　　按宅基外势，临水临街，更有九局焉。局之真正者，其力量自足以胜坐山也。

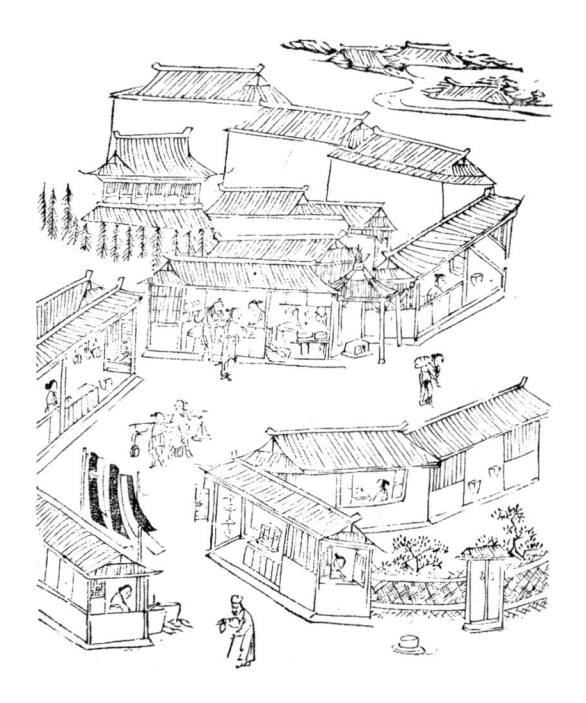

增图 2　市井图

六事

　　六事者，乃门、路、灶、井、坑厕、碓磨，居家必需之物，安放得所，取用便宜。人每天忽其方道，一犯凶方，利用之物，反为致害之由，暗地生灾，受祸不知，良可浩叹！

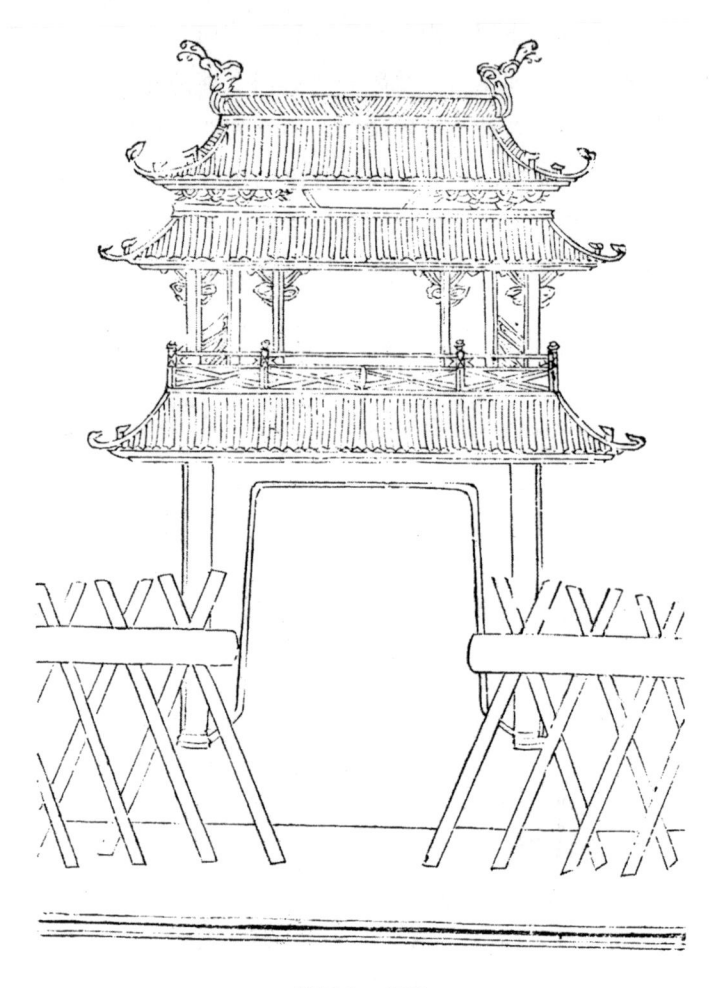

增图3　行马

坑厕

凡出秽之所用，压于本命之凶方，镇住凶神，反发大福，甚验。其方皆与灶屋烟窗相对，用以压之则吉矣。然详审方位，不可混错。或误改于屋之吉方，则同来路之凶矣。即尺基丈址，亦宜清楚的确。

增图 4　厕

分房

　　分房者，祖孙父子伯叔兄弟分居所宜之房位也。虽分爨、未分爨，同居一宅之中，而东西南北四隅之房各异，俱可分别，违之则凶。即一进之屋，或仅一两间者，只丈尺之间合命者吉。故东命弟居东，西命兄居西，无不福寿。苟失其宜，贫夭不免矣。楼上下相同。

增图5　厨

床座

阳宅诸事，惟床易为，其立法有四：宜合命之吉方为最，又宜合分房之吉，又宜合坐山之吉，又宜合照水经以门论房之吉。然四者难全，当从其可据者，以合其吉，不越乎可先可后而已。若精心措置，则为人移床，生子发福，易于反掌，亦须四课助之。

如正屋坐山不合生命，可于侧房小屋之合命者安床居之，而以正屋正房，与子孙合命者作房安床，则各无灾而获福矣。

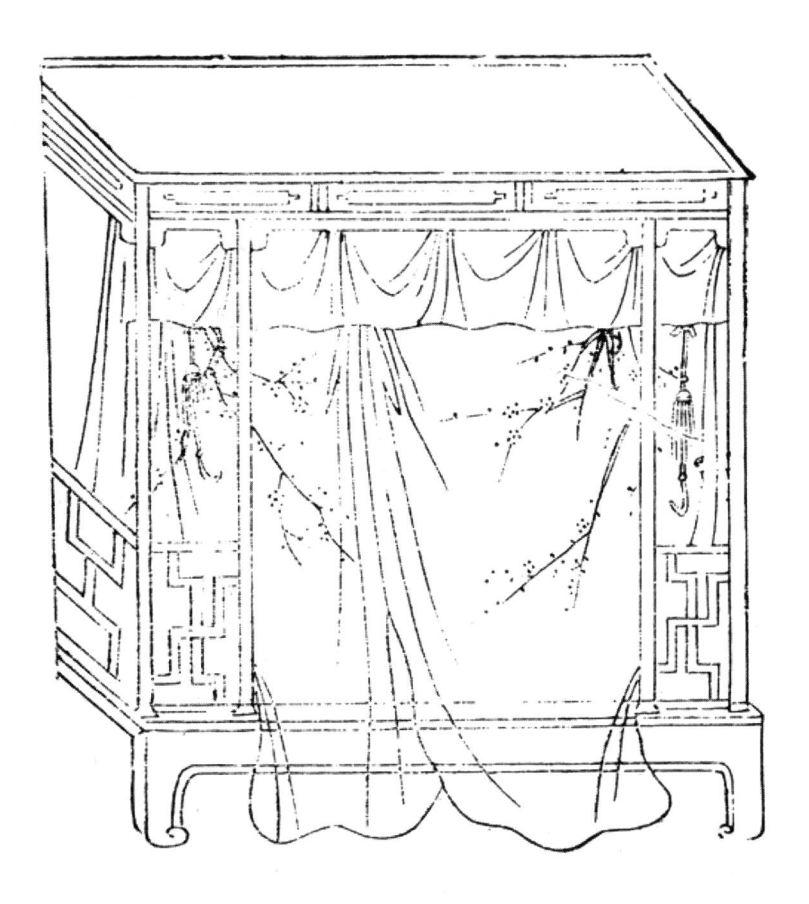

增图 6　床帐

灶座火门

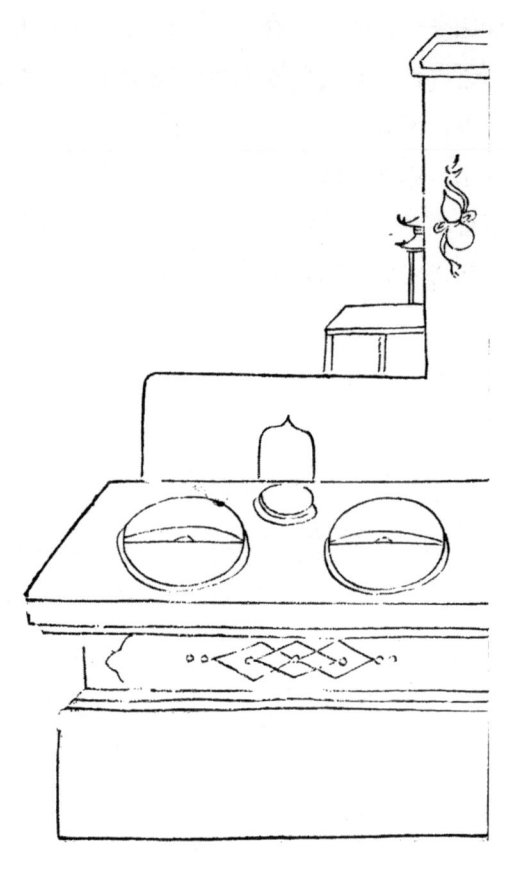

增图 7 灶

锅灶人皆视为细小事，而不知为五宅之要务。如灶压本命生气方则怀鬼胎，或落胎不产。即有子而不聪明，不得财，不招人口，田畜损败。若压天医方，则久病卧床，体弱，服药无效。若压延年方则无寿，婚姻难成，夫妇不合，伤人口，损田畜，多病，窘穷。若压伏位方，则无财无寿，终身贫苦。若压本命之破军绝命方，则无病有寿，多子发财，招奴婢，又无火灾。如压六煞方，则发丁发财，无病无讼，无火灾，家门安稳。若压祸害方，不退财，不伤人，无病无讼。若压五鬼方，无火灾，无盗贼，奴婢忠勤得力，无病发财，田畜大旺。须丈量屋之基址，务使方位真正，不可猜度误事。当用大纸，将屋基及层数逐一量明丈尺，画成一图，每基一丈，折方一寸。将屋总图，分作八卦九宫，写明二十四方向，而后知某方某位为某间，则吉凶昭然矣。火门者，锅底纳柴烧火之口，得向吉方，发福甚速，期月之间即验。子嗣贫富，灾病寿夭，以之日用饮食者，此为根本也。如东命人火门朝东卦则吉，向西卦则凶。西命人火门向西卦则吉，向东卦则凶。西命火门人身背西向东炊火则是矣。

所云"将屋基量明丈尺"，最为有理。如壬山丙向者，中为壬，右为亥，再右为乾，更右为戌，中左为子，再左为癸，更左为丑，而艮乃在墙外空处，及东西之北矣。如癸山丁向者，中为癸，左为丑，再左为艮，更左为寅，中右为子。再右为壬，更右为亥，而乾乃在墙外空处也，及西南之北矣。即此推之，东西向之方位，了然不爽。更有癸丁壬丙不尽房中而偏左偏右，即当以所偏之处为中宫矣。

作灶

作灶宜用天德、月德、玉堂、生气、平定成等吉日。

〇东命人宜向南，或东南，或东；西命人宜向西，或西南吉方，以灶火门立向。宜取生气催丁。另载：作灶忌朱雀、黑道、天瘟、土瘟、天贼、天火、独火、十恶大败、转煞、毁败、丰至、微冲、九土鬼、四废、建破、丙丁等日，逢午亦忌。

〇幕讲师《论作灶吉凶断》：灶入乾宫号灭门，亥壬二位损儿孙。寅申得财辰卯富，艮宫遭火巽灾瘟。子癸坤方皆用若，丑伤六畜福难存。乙丙益蚕庚大吉，若逢午位旺儿孙。申酉丁方多疾病，辛宫小吉戌难分。

〇又云：房后灶前家道破。安灶后房前，子孙不贤。房前有灶，在未坤丑艮上，生邪怪之祸。房前有灶，心痛脚疾。栋下有灶，主阴痨怯。开门对灶，财畜多耗。坑若近灶，主眼疾疯病，邪事多端。灶后房前，灾祸延绵。灶后装坑地，绝嗣孤寡。井灶相连，姑嫂不贤。

〇又云：灶在卯方，命妇夭亡。灶在后头，养子不收。灶在艮边，家道不延。

香火

土地祠神，祖先祠堂，皆香火也。安本命之吉方则得福，凶方必有咎。古云：移烟改火者，谓无锅烟香火，有祸无福也。若误移其方，则变其吉之来路，反凶矣。凡出秽之所，用压于本命之凶方，镇住凶神，反发大福，甚验。其方皆与灶屋烟窗相对，用以压之吉矣。然当详审方位，不可混错。或谓改于屋外之吉方，则同来路之凶矣。即是基丈址亦宜清楚的确矣。

增图 8　轩辕庙

论婚姻

命元是东四命者，宜婚东四命妻，则有子多福。误结西四命妻，则艰于子嗣。不和不发福。如坎命男，配巽命女，巽为坎之生气，必有五子，又和而助夫成家。若坎命男娶艮命女，是为五鬼，虽有二子，必不和而窃财。古云：贪生五子巨三郎，武曲金星四子强。五鬼廉贞见两箇，辅弼只是半儿郎。文曲水星独一子，破军绝命守孤孀。禄存无子人延寿，生克休囚仔细详。此合与妻命固有准，即得来路灶向之合命者，亦可临其子之多寡有无也。如乾夫兑妻生气有五子，但金见金相敌，主不和。坤延年妻，四子和睦。或云：乾坤配合最宜，应六子。艮天医妻三子，乾伏位妻只一女。离绝命妻无子，又离火克乾金，必惧内。坎六煞妻一子，相争。震五鬼妻二子，长难招，又乾克震，夫欺妻。巽祸害，妻为腐水懒妇，常受夫辱。禄存妻无子，夫妇多寿。余命皆仿此推。然须论其星之生克吉凶，与得位不得位。以为救助，庶可广嗣助吉矣。妻元论命之法，较有益于《通书》吕才合婚之例，予屡试之，无如此之的确有实验也。世之求婚配者，先留意于此也。

按吕才合婚之说，即从游年诀中来，所谓生煞天医五鬼绝命固相同，而所云福德即延年，归魂即伏位，游魂即六煞，绝体即祸害，名虽异而实则同。但其下所住之数，即九宫之数。而细核之也，惟生游绝归四条数不差，其福天体五四条俱错，皆后人以讹传讹，不考从来，习而不觉。外不知八卦中乾兑生于太阳，离震生于少阴，巽坎生于少阳，艮坤生于太阴，二太所生西四，二少所生东四。此命巽宅所由分，而各星吉凶皆从各卦挨变而起，理固有据，数亦可考，奈何逃其源而紊其流乎？固为订正，附录于后。至上元甲子起一宫。《时宪》现载书，不以论男女命元婚姻之数，而旧传上元起七宫，与今当异。或云：以竹书讹年，考之实差一元，康熙甲子乃系下元。未知孰是，然毕竟以《时宪书》为准。

论女命利月如入赘论男命

	子午生	丑未生	寅申生	卯酉生	辰戌生	巳亥生
大利月	六十二	五十一	二八月	正七月	四十月	三九月
妨媒人	正七月	四十月	三九月	六十二	五十一	二八月
妨翁姑 翁无姑不忌	二八月	三九月	四十月	五十一	六十二	正七月
妨父母 无父母不忌	三九月	二八月	五十一	四十月	正七月	六十二
妨夫主	四十月	正七月	六十二	五九月	三九月	五十一
妨女身	五十一	六十二	正七月	二八月	四十月	三九月

凡亲属行嫁大利月，如前吉期，百无禁忌，新妇拜见无妨。若余月各有休咎，屡经屡验，不可不慎也。

和尚公杀男命宜忌

　　巳午未生人忌用申子辰日，申酉戌生人忌用亥卯未日，亥子丑生人忌用寅午戌日，寅卯辰生人忌用巳酉丑日，名曰"和尚煞"。又云："孤神寡宿煞及本命三煞，犯者主无子息。"此例只论男命，不论女命，惟推大小利月论女命。但和尚是男子，若以女命而论者错矣。若得男女俱不犯者更妙。

增图 10　和尚

论男女生命行嫁月孤虚煞

	孤	虚
甲子旬	九十月	二四月
甲戌旬	七八月	正二月
甲申旬	五六月	十一十二月
甲午旬	五四月	九十月
甲辰旬	正二月	七八月
甲寅旬	十一十二月	五六月

曲脚旬：己巳、丁巳、乙巳人命遇之，主克妻。

阴错阳错歌

阳并阴错是如何，辛卯壬辰癸巳多。
丙午丁未戊申是，辛酉壬戌癸亥过。
丙子丁丑戊寅日，十二宫中细细歌。

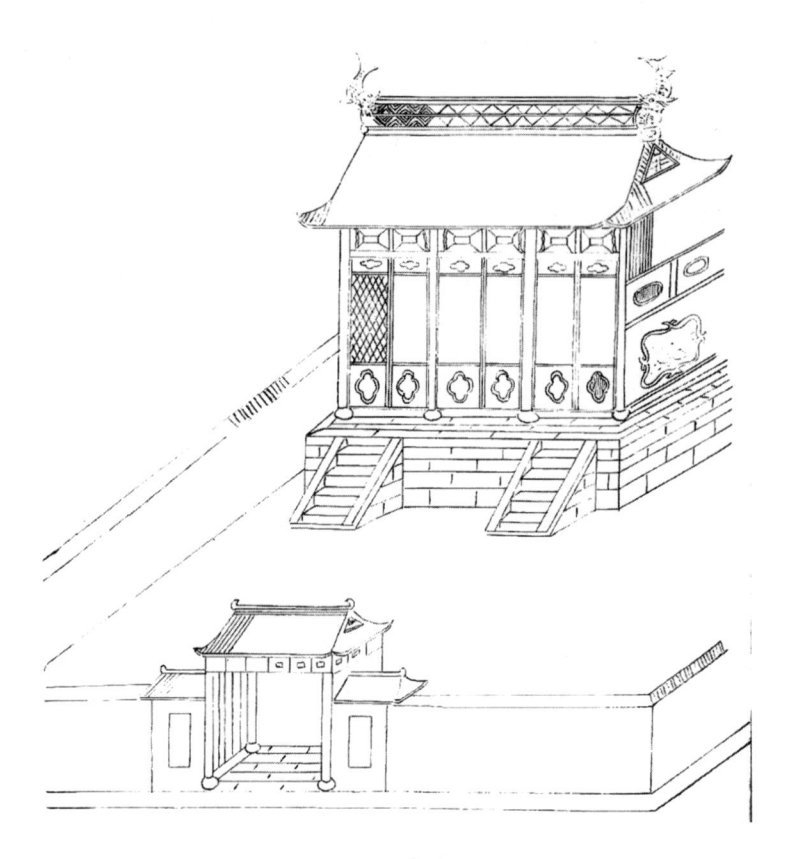

增图 9　祠堂图

吕才合婚图

福　德				生　气			
一九	四三	六二	七八	一四	五九	六七	八二
九一	三四	二六	八七	四一	九五	七六	二八
天　医				归　魂			
六八	三一	七二	四九	一一	一二	二三	四四
八六	一三	二七	九四	六六	七七	八八	九九
游　魂				五　鬼			
一六	三八	七四	九二	一八	二四	三六	七九
六一	八三	四七	二九	八一	四二	六三	九七
绝　体				绝　命			
一七	三二	九八	六四	一二	三七	四八	六九
七一	二三	八九	四六	二一	七三	八四	九六

　　福德即是延年，游魂即是六煞，绝体即是祸害，归魂即是伏位。

　　合福德生气天医为上婚，主子孙昌旺大吉。游魂归魂绝体为中婚，较量轻重用之亦吉。五鬼口舌相连，绝命祸害甚重为下婚，避之则吉，不可不知之矣。

三元男女生命宫数

		甲子	乙丑	丙寅	丁卯	戊辰	己巳	庚子	辛未	壬申
		癸酉	甲戌	乙亥	丙子	丁丑	戊寅	己卯	庚辰	辛巳
		壬午	癸未	甲申	乙酉	丙戌	丁亥	戊子	己丑	庚寅
		辛卯	壬辰	癸巳	甲午	乙未	丙申	丁酉	戊戌	己亥
		庚子	辛丑	壬寅	癸卯	甲辰	乙巳	丙午	丁未	戊申
		己酉	庚戌	辛亥	壬子	癸丑	甲寅	乙卯	丙辰	丁巳
		戊午	己未	庚申	辛酉	壬戌	癸亥			
上元	男女	七五	六六	五七	四八	二九	二一	一二	九三	八四
中元	男女	八五	九三	八四	七六	六六	五七	四八	三九	二一
下元	男女	四八	二九	二一	一二	九三	八四	七五八	六六	五二七

此《通书》所载男女生命三元宫数合婚之图，与合《时宪书》后所载各异，姑并识之。

嫁娶周堂图

凡选择嫁娶日，大月从夫顺数，小月从妇逆数，择第堂厨灶日，用之大吉。如遇翁姑而无翁姑者亦可用。

男女合婚辨谬

合婚之谬，张神峰谓之久矣，而诸家犹宗之。道从八宅起例者之宪书，无不吻合，试之男女，应验如神。更有不准，则床灶之转移也。催丁之法，莫善于此，故时取而正之。

〇男女宫位，诀演宫卦，辨婚姻之宜忌，辙异东西；定房屋之吉凶，宜分左右。安床立户，随生命以转移；作炉置灶，旋乾坤于掌握。神奇莫测，变运八方。无端一行蛮貊，复遇吕才反诀，倒装生旺，逆取休囚，计陷蛮方，祸遗千古。特行订正，另设横推，使知生命之讹，一说合婚之谬矣。

假如坎命之男，得巽方来路与灶向，亦与得妻，巽妻命相同，皆是得生炁而有子且富贵也。曾有一坎命人，要兑命妇人，犯祸害禄存，当无子。又其人云"命犯孤神"，来求挽救之法。师云："你去将灶门改朝汝坎命之东南巽方，乃得生气星食之。当有子。又将小灶，或风炉，另以口朝乾向，使妻独食，则妻亦得生气吉向，亦当有子。"其人从之，果生五子，屡应屡验。

凡命生七月以前者，作上元论。

修造论 新造同

凡添修拆补房屋，及换椽盖瓦修门，皆为修方，而吉凶立应。如修本命之吉方，旬日见福。予师令人于本命之吉方，高造晒台，踰年即富。如乾命人修生气正西兑方，发大财，期年即见，后又出贵。或修东北西南坤及本位皆吉，若误修他方皆凶，诸命皆然，各以类推。然必须丈量基路，使吉方之卦位准的，方能应验。凡略动斧木，砌砖泥墙，造花台亭榭，皆修方，其犯来路灶向，与修方同凶。坎方坑厕，未方能利盗贼。乾方作坑，男瞽女跛。

增图 11　坊

阳宅六煞

前高后低，谓之过头屋，出孤寡。
屋后两傍有直屋，为推车屋。
前后平屋。中起高楼，二姓招郎。
前正屋，后边不论东西南北中央，或一间二间乱起，谓块儿煞。
四边多有屋，中间天井，出入又无墙门，谓扒尸煞。
屋后有直屋，谓直射煞。
左右屋低中高，谓冲天煞。
前后两进，两傍厢房，中堂如口字，四檐屋角相对，谓埋儿煞。
厅屋三间中一间装屏门，两傍对一步者，谓停丧煞。
不论前后檐下，水滴在堦沿上者，主血症。
屋前如有梁木搭披暗冲檐架者，谓穿心煞。
屋后如前暗冲者，谓暗箭煞。
屋后白虎边另有一间横屋，谓自缢煞。
屋后青龙上有一间横屋，谓投河煞。
厅后高轩，又有正房如工字样，谓工字煞。
前后两进有一边侧厢者，谓工字煞。
不论前后天井两傍，如有山墙对照，谓金字煞，在西方者更甚。
不论前后门首，或楹柱，或墙垛，或屋尖当门者，谓孤独煞。
如屋大梁上又加八字木者，出忤逆。
如一层前后翻轩，皆可作正面，主夫妻弟兄不和。
门前四面围墙中开一门，东西两家俱从一门出入，路者火字形，不宜。
房门上转轴透出，主生产不易。
一家连开三门如品字，多口舌。
两门对面，谓相骂门，主家不和。
面前如有鸡口朝对，不宜。

前檐滴后檐，两层屋相连，不宜。

面前左右有小塘，水满时，或东放西，西放东，谓之连泪眼，不宜。

卧房前不宜堆假山土山，谓堕胎煞。

乱石当门，谓磊落煞。

住宅前有深林，主怪物入门。

住屋前后有寺庙，不宜。

禄存方向不宜有树被籐缠满者，谓之缢颈树。

面前有路川字形，不宜。

山尖中开门，名穿煞，大忌。

床横有柱，名悬针煞，主损小口。

增图 12　暴室

花粉煞日

甲乙生辰丑未日，丙丁卯酉实堪伤。
戊己巳申须大忌，庚辛最怕虎猪强。
壬癸辰戌是花粉，男婚女嫁犯须亡。

增图 13　闺

作灶忌绝烟火日主冷退

正五九月丁卯日，二六十月甲子日。

三七十一癸酉日，四八十二月庚午日。

又忌丙丁两干为灶，的命煞。

戊己为灶，土皇煞。更忌六壬死运日。

增图 14 坭灶

分居绝烟火煞 _{分居忌日}

正七分居辰戌防，二四猪蛇不可当。
三九切忌游子午，四十又怕犯牛羊。
五十一月寅申忌，六十二月卯酉殃。
世人不怕绝烟火，十人犯着九人亡。

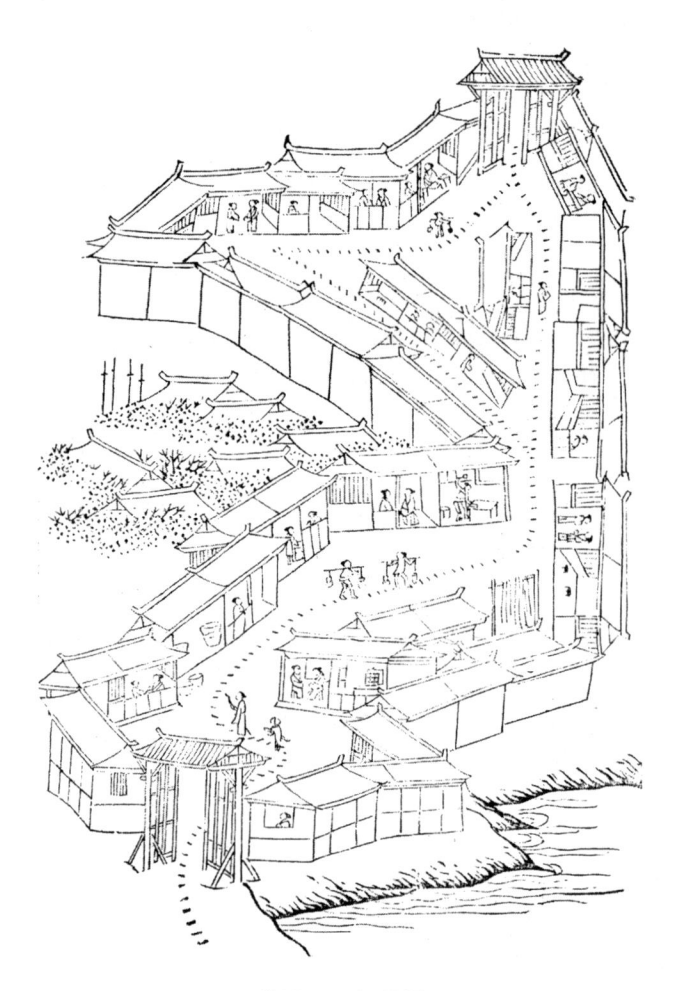

增图 15　闾里图

九星

贪、巨、禄、文、廉、武、破、祸、弼。

参考阅读①

九星包括贪狼、廉贞、武曲、文曲、禄存、巨门、破军、左辅、右弼。九星与八宅方位相对应，分别为生气配上贪狼，五鬼配上廉贞，延年配上武曲，六煞配上文曲，祸害配上禄存，天医配上巨门，绝命配上破军，伏位配上辅弼。

九星的五行属性分别为：生气贪狼星属木，延年武曲星属金，天医巨门星属土，辅弼二星属木，五鬼廉贞星属火，绝命破军星属金，祸害禄存星也属土，六煞文曲星属水。

八宅派风水中有歌诀可概括九星的五行属性："生气贪狼是木星，延年武曲本属金。天医巨门原属土，辅弼二星属木行。五鬼廉贞原属火，绝命破军同属金。祸害禄存又属土，六煞文曲水上行。"

九星中的吉星有四种，即贪狼星、武曲星、巨门星、伏位（辅弼）。凶星有四种：即破军星，廉贞星，禄存星、文曲星。伏位和其它七个方位各布一星，星吉则吉，星凶则凶。

杨筠松认为，九星赋予人们的吉凶象征意义为：贪狼——丁财贵寿；巨门——发财致富；禄存——凶灾大难；文曲——是非官司；廉贞——疲懒疾病；武曲——官运亨通；破军——破财损丁；左辅——旺丁长寿；右弼——半吉半凶。

生气贪狼星属木，是九星中的第一吉星。假设两卦之间，如果上爻不同，下两爻相同，则互生属大吉，那么这两卦便形成了贪狼生气。如乾

---

① 摘自《一本书弄懂风水》，华龄出版社，2010年1月第1版。

兑、兑乾、离震、震离、坤艮、艮坤、坎巽、巽坎等两卦之间，都是互相生助。

风水中认为，贪狼星具有积极性的扩散作用，其性主仁慈，出贵催官，利男性，旺人丁；令人有生气，凡事积极向上，且多才多艺，是吉庆和顺之象征。如果读书无成，功名不就，人丁败落，贫苦不堪，可将大门或床位、灶房移在生气方可解。在甲乙亥卯未年月会有应验。

天医巨门星属土，是九星中的第二吉星。如果两卦之间上一爻相同，下两爻不同，也是互生吉，这两卦便形成了天医巨门的关系，如乾艮、兑坤、离巽，坎震等。都是两卦互相生助的。

风水中认为，巨门星具有建设性的作用，其性主健康，利女性，旺财发富，性格忠厚，包容忍让，易得贵人扶持，祛病消灾。如遇久病不愈，不育或有子难养，生意不顺，财运不遂或遇事无帮无助，可在天医巨门方位开门、安床、设灶。在戊己辰戌丑未年月会有应验。

延年武曲星属金，是九星中的第三吉星。如果两卦之间，三爻阴阳皆不同，相生为吉，那么这二卦就形成武曲延年的关系，如乾和坤，艮和兑，坎和离，震和巽等，都是三爻阴阳全不同，而且二卦之间都是互相生助的关系。

风水中认为，武曲星具有组合性的内聚作用，其性主和顺、果断，交际关系好，利于外交，夫妻和睦，婚姻早成，人丁兴旺，多福多寿。如果遇遗传性短寿，求婚不成，人丁不旺，穷困潦倒，可将大门或床位、灶房安在延年方。庚辛巳酉丑年月会有应验。

伏位左辅、右弼属木星，是九星中的第四吉星。相同的二卦所形成的关系就是伏位辅弼，两卦之间，三爻阴阳完全相同，如乾遇乾，坤遇坤等。

风水中认为，伏位辅弼星具有缓和性的扩散作用，主柔顺平静，慈祥宽容，男性主重视家庭，全家和睦。如遇诸事不顺，耗资损财，可在伏位上安床设灶。在甲乙亥卯未年月会有应验。

绝命破军星属金，是九星中的第一凶星。两卦之间，中间一爻阴阳不同，那么这两卦之间就相克大凶，形成了绝命破军的关系，如离火克乾金，兑金克震木，坤土克坎水，巽木克艮土，两卦之间，皆是相克相仇。

风水中认为，破军星具有杂乱性内聚作用，主冲突，多生疑难杂症、刀伤、车祸、焦虑不安、多病夭寿、官灾人祸、子女缘薄、无子绝嗣。如果在绝命方开后门，主子孙患不治之症，惹是生非。应验时间在庚辛巳酉丑年月。

五鬼廉贞星属火，是九星中的第二凶星。两卦之间，如果上两爻阴阳不同，所形成的关系也是相克大凶，就是五鬼廉贞，比如乾遇震、巽遇坤，艮遇坎，离遇兑。

风水中认为，廉贞星其性具有狂暴的向上作用，主暴躁、无事惹祸、官事口舌、癌病车祸、忤逆不孝、体弱多病、抢劫盗贼、易招火灾等现象。在丙丁寅午戌年月会有应验。

祸害禄存星属土，是九星中的第三凶星。如果两卦之间，下一爻阴阳不同，相克为凶，便形成禄存祸害之关系。如乾与巽，震与坤，离与艮，坎与兑等关系皆是禄存祸害。

风水中认为，禄存星具有腐蚀性作用，主目瞎耳聋、人丁受损、争斗仇杀、孤寡贫穷、官非诉讼、身体虚弱、自信心弱、意见分歧、懒散反叛等。在戊己辰戌丑未年月会有应验。

六煞文曲星是九星中的第四凶星。两卦之间上下两爻不同，所形成的关系就是六煞文曲，比如乾与坎，艮与震，巽与坤，离与兑都是六煞文曲。

风水中认为，文曲星具有破坏性的向下作用，主口舌是非、水灾、上吊、忤逆不孝、惊恐失常、度量狭窄、婚姻反复、人口不宁、财运不遂，男性不务正业，女性易惹桃花。在壬癸亥子年月会有应验。

四吉星方

生气贪狼木，宜屋高，安门床并灶口向之四吉方，切忌安坑。

天医巨门土，不宜屋高，开门安此，坐东面会凶。

延年武曲金，宜屋高，来路安门床，灶向居西而获吉。

伏位辅弼无专主，宜安房床，只生女。

增图 16　睡房

四凶星方

绝命破军金，犯之不吉。震巽离相克。

六煞文曲水，犯之凶。坤艮巽皆不吉。

五鬼廉贞火，犯之不吉。坎乾兑亦非宜。

祸害禄存土，犯之凶。

本命之四凶方，宜安灶、座、坑、厕、井、碓、磨等压之。

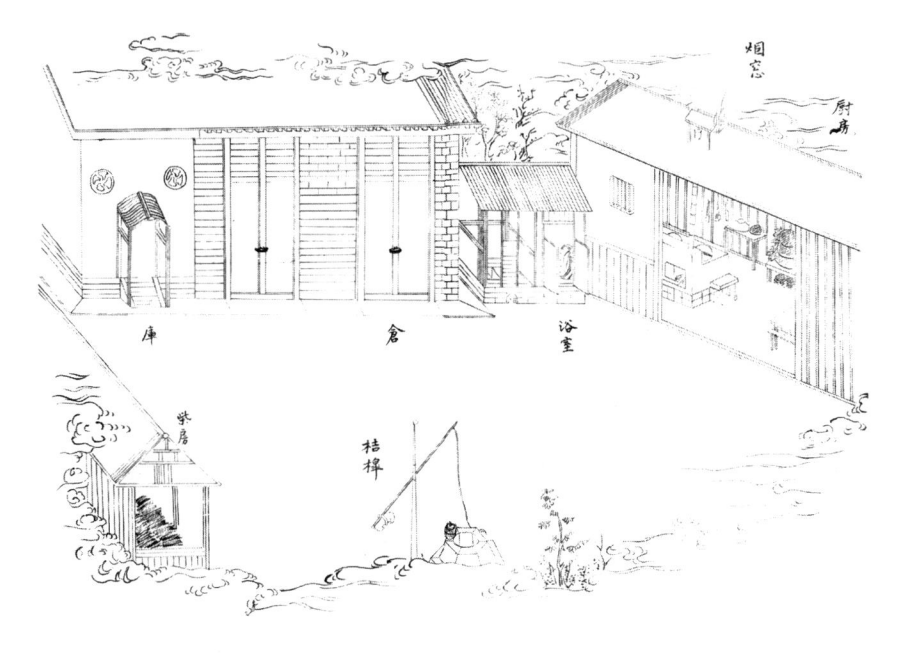

增图 17 凶星方物事

作灶求财法

灶座压东西命之杀方，火门向本命之生气延年天医等星吉方，取炁为佳。元命合灶口吉向可以求财，合生炁方大富。生气属木星，应在亥卯未年月，合天医亦吉。巨门系土星，应在甲子辰年月，合延年武曲金星，应在巳酉丑年月。合伏位辅弼木星，有小财，亦应在亥卯未年月。

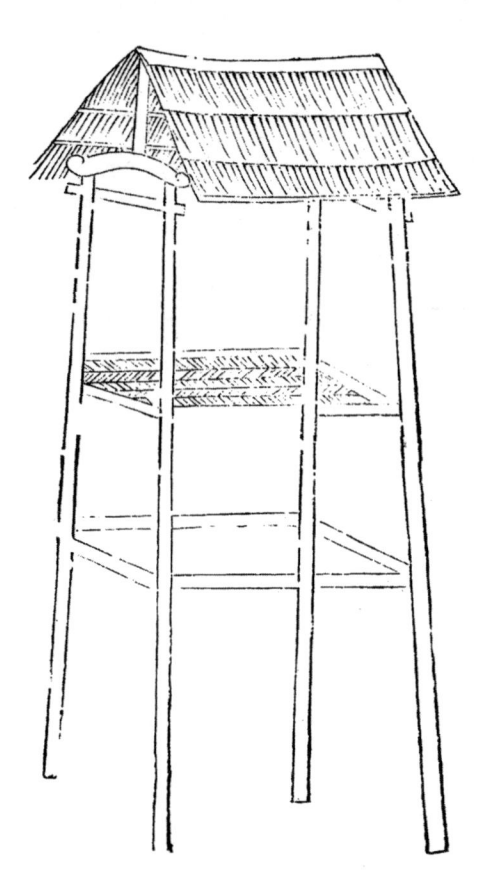

增图 18　守舍

催子法

以灶座、十臭水、毛厕等类压本命之凶方，其灶火门向本命之生气吉星方，主周年生贵子，百事吉祥。

增图 19　田庐

催财法

以十臭水、灶座、毛厕压住本命之六煞方位,灶火门向本命之延年吉方,主一月内得小财,三月得中财,一年得大财。

增图 20　牛室

安床造床忌用日

心、昴、奎、娄、箕、尾、参等星宿值日，是日忌之。

增图 21 仓

罗天大忌日 忌修造

初一休问子，初三莫遇羊。初五马上坐，初九问鸡乡。

十一休逢兔，十三虎在傍。十七牛眠地，廿一鼠偷粮。

廿五怕犬吠，廿七遭兔伤。廿九猴作耍，日退最难当。

增图 22　廪

修造忌晦气煞日

丙子命忌辛丑日，丙申命忌辛巳日。
甲子命忌己丑日，甲戌命忌己卯日。
乙亥命忌庚寅日，丁亥命忌壬寅日。
戊寅命忌癸亥日，丁丑命忌壬子日。

增图 23 库

神嗷鬼哭日 百事忌用

正月壬戌日，二月癸亥日，三月丙子日，四月丁丑日，
五月甲寅日，六月乙卯日，七月壬辰日，八月癸巳日，
九月甲午日，十月乙未日，十一月甲申日，十二月乙酉日。
闰月同前。

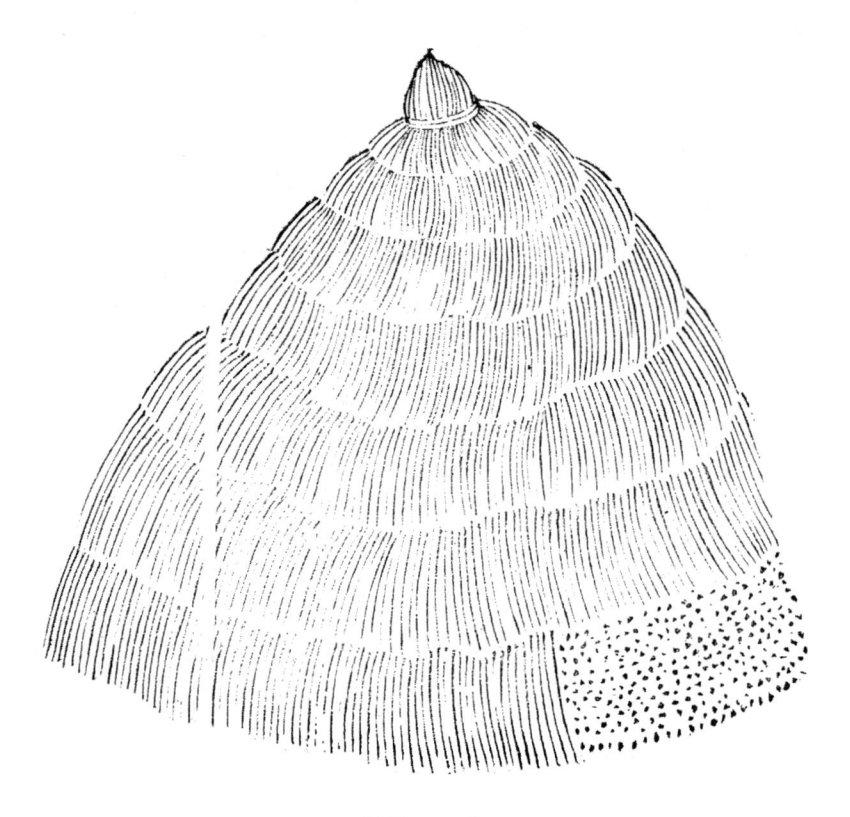

增图 24　庚

斩草破土忌用物

初一、初八、十五，并不用鸡祀为要。

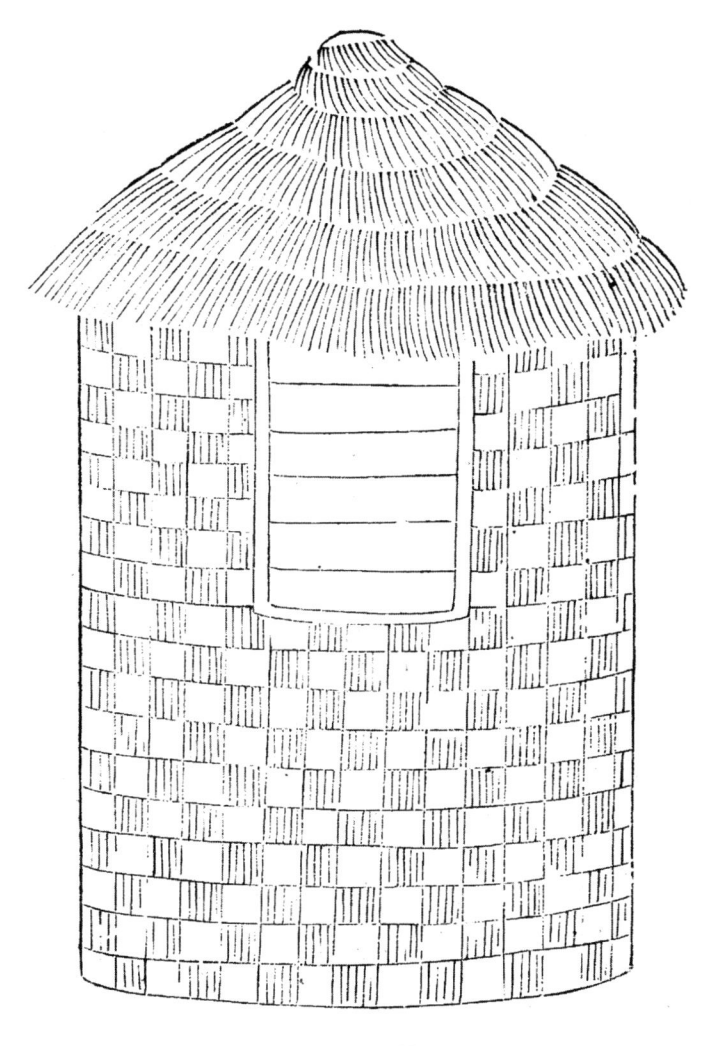

增图 25　困

戊己都天

甲己年，辰巳。乙庚年，寅卯。丙辛年，戌亥。丁壬年，申酉。戊癸年，午未。阳年支重戊都，阴年支重己都。

增图26　窖

八卦方位

乾、坎、艮、震、巽、离、坤、兑。

此即后天八卦方位，一卦管三山：戌亥属乾，壬癸属坎，丑寅属艮，甲乙属震，辰巳属巽，丙丁属离，庚辛属兑，辛申属坤。共二十四山，统名八宅。

增图 27　后天八卦

八宅东西

乾坤艮兑为西四宅，坎离震巽为东四宅。

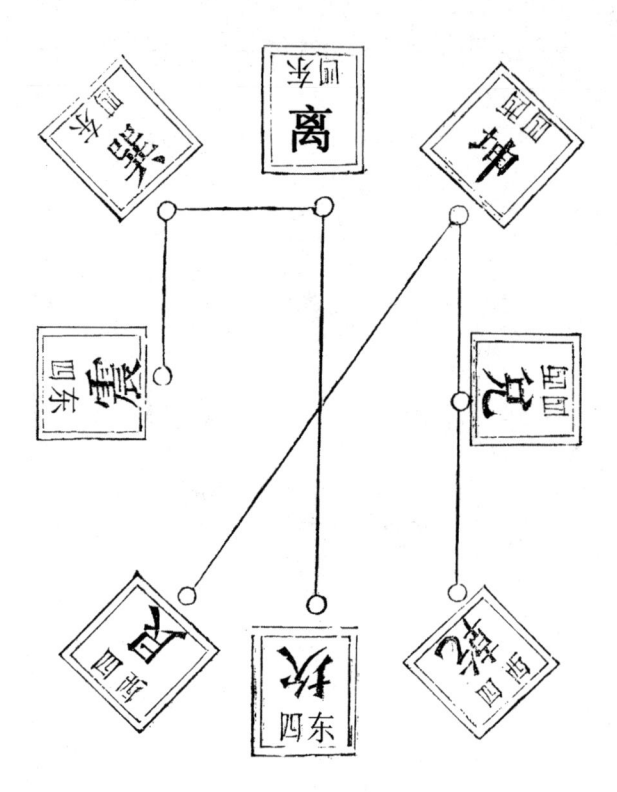

增图 28　东西四宅式

八卦所属

乾为父属金，坎为中男属水，艮为少男属土，震为长鬼属木，并为阳。

巽为长女属木，离为中女属火，坤为母属土，兑为少女属金，并为阴。

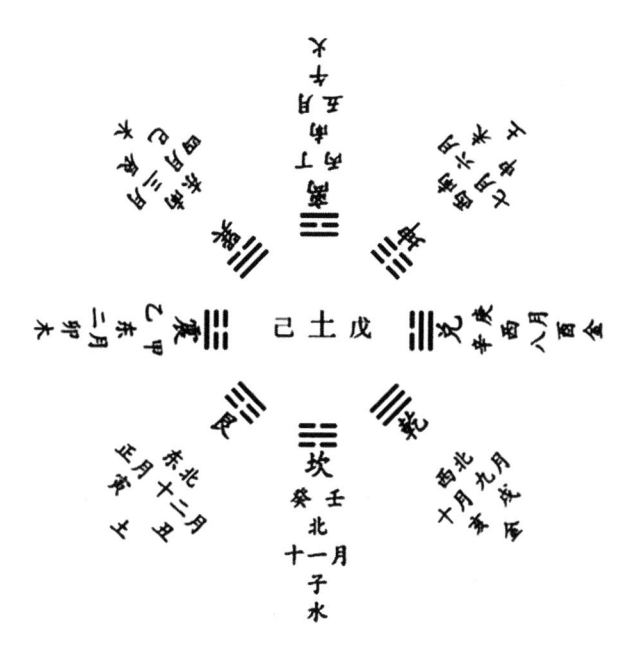

增图 29　八卦五行月份相配图

九星五形

生炁贪狼木，阳木，上吉。
天医巨门土，阳土，次吉。
延年武曲金，阳金，次吉。
五鬼廉贞火，独火，凶。
绝命破军金，阴金，大凶。
六煞文曲水，怪水，次凶。
祸害禄存土，阴土，次凶。
左辅右弼，随门而化。

三元九星图

盘地为体		盘天为用	
坤 离 巽		乾 中 巽
二黑 九紫 四绿		六 五 四
兑 中 震		兑 震
七赤 五黄 三碧		七 三
乾 坎 艮		艮 坤
六白 一白 八白		八 二
		离 坎
		九 一

总论

黄时鸣云：凡京省府县，其基阔大，正盘已作衙门矣，民居与衙门相近者不吉，秀气已尽锺故也。

《发微》云：神前庙后乃香火之地，一块阴气所注，必无旺气在内。逼促深巷，茅坑拉脚，滞气所占，阳气不舒，俱无富贵之宅。屠宰场边，一团秽气；尼庵娼妓之旁，一团邪气，亦无富贵之宅。祭坛方圆，端正古墓，桥梁牌坊，一团歛杀之气。四边旷野，总无人烟，一块荡气。空山僻坞，独家村，一派阴霾之气。近山近塔，一片廉贞火象，亦无吉宅。

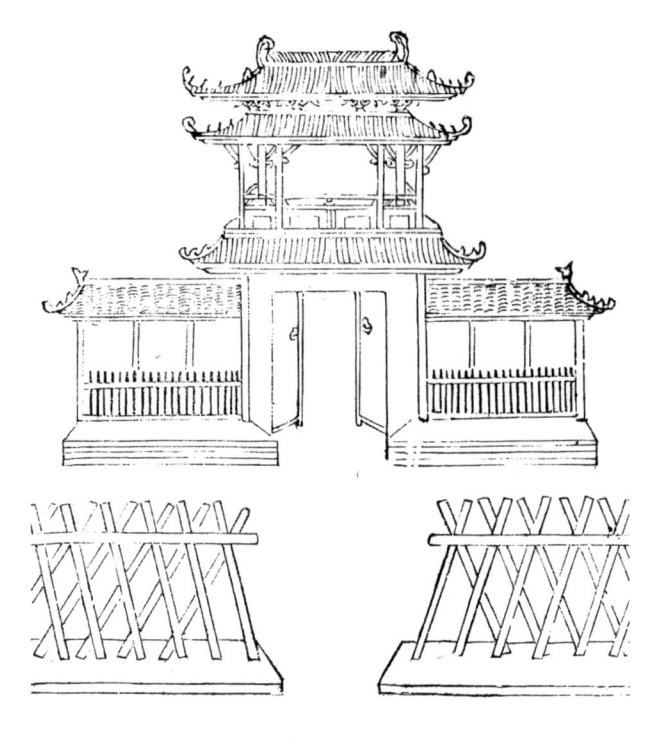

增图 30　廨

形势

凡阳宅，须基方正，入眼好看，方吉。如太高太阔太卑小，或东扯西拉，东盈西缩，定损财丁。《经》云：屋形端肃，气象豪雄，护从整齐，贵宅也。墙垣周密，四壁光明，天井明洁，规矩翕聚，富贵宅也。南北皆堂，东西易向，势如争竞，左右雄昂，忤逆宅也。屋小而高，孤立无依，四边无护，孤寒宅也。东倒西倾，栋折梁斜，风吹雨泼，病痛宅也。屋宇黑暗，太阔太深，妖怪房也。屋宇不整，四壁破碎，椽头露齿，伶仃房也。基地太高，屋前深后陷，四水不聚，荡无收拾，贫穷宅也。屋高地穿者，人财两退。地阔屋矮者，一代发福。

黄时鸣云：住宅与衙门不同，衙门喜阔大壮观，住房必翕聚，始获福。卧房与外面客厅不同，厅厕可以阔大，卧房之前阔大则气散。凡屋以天井为财禄，以面前屋为案山。天井阔狭得中聚财，前屋不高不矮宾主相称获福。前屋太高者，主受欺；太低者，宾不称；太近者逼，太远者旷。前檐近则宜矮，前檐稍远则略高可也。住屋吉凶，全在此处。

至于外之大厅，又不同。以大厅之天井为小明堂，而前厅乃第一重案也。以前厅之外，大门之内，为中明堂，而大门乃第二重案也。以前门之场为大明堂，而朝山乃第三重案也。小堂宜团聚，中堂略阔，而亦要方正。入堂宜阔大，亦忌旷野。

《经》云：屋少人多，为人克宅，吉。宅多人少，为宅胜人，凶。

又云：两新夹故，死须不住。两故夹新，光显宗亲。新故相半，陈梁朽贯。宅材鼎新，人旺千春。屋主半住，人散无主。间架成双，典尽衣粮。屋柱弯曲，子孙不睦。虫蛀木空，目盲耳聋。柱若悬空，家主命促。梁欹栋斜，是非反覆。接栋接梁，三年一器。

凡宅基最忌贪多，至有盈缺。诀云：乾宅屋基若缺离，中房有女瞎无疑。坎宅屋基若缺巽，长房多死少年人。艮宅基址若缺坤，长房无子谁人问。震宅基址若缺乾，长房遗腹不须言。巽宅基址若缺震，长房一定夭无人。离宅基址若缺乾，长房无子不待言。坤宅基址若缺艮，中房夭死少年人。兑宅基址缺无穷，诸房消灭一场空。

又云：坎宅屋基若盈乾，老翁花酒不须言。

增图 31 形势

楼

楼上为天，楼下为地。天克地，主卑小不吉。如上七下三是也。上下两向，主忤逆，招盗。上高过下，自缢服毒。

凡正堂之上，不可安楼，厅堂亦忌，惟后堂可以安之。独高于众，四面风吹，住楼下人不吉。屋边有高楼压本屋，左压左凶，右压右凶。

增图 32　楼

间数

每进间架，宜用单数，不宜双数。三间吉，四间凶，五间定有一间空，七间定有两间空。试之奇验。

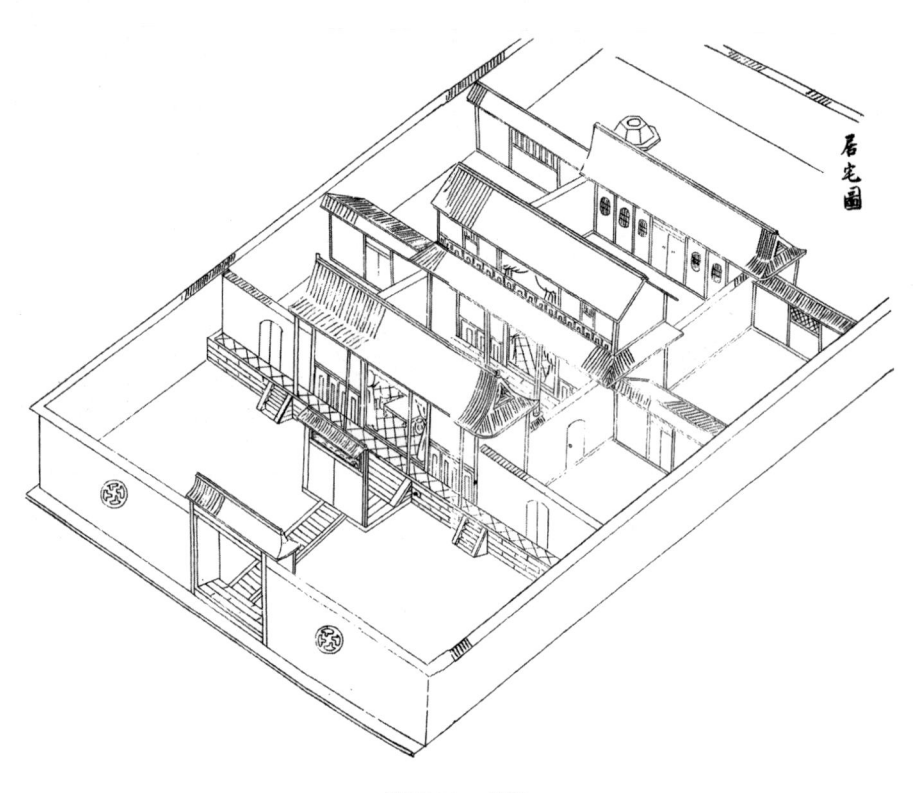

增图 33　间数

门路

门有五种：大门、中门、总门、便门、房门是也。大门者，合宅之外大门也，最为紧要，宜开本宅之上吉方。中间者，在大门之内，厅之外，即仪门是也，关系略轻。除震巽乾兑不宜开直门外，其余从厅直出可也。若无两重门，则中门即大门，又必要上吉方。总门者，在厅之内各栋卧房外之总门路也。盖屋小则专论大门之吉凶，则各房之去大门既远，吉凶亦不甚验也。其法单论各栋之出路，左吉则闭右而走左，右吉则闭左而走右，吉凶立验。便门者，合宅之通柴水左右之小便门也，亦宜三吉方，以助宅之吉。便门，又名穿宫，《书》云"穿天门"，非也，还是穿本宅耳。大门吉，便门又吉，乃为全吉。房门者，各房之前后户也，宜三吉方。不论何门，自二扇以上，大小一律吉。左大换妻，右大孤寡。基窄屋小，则大门重，而以便门与灶相助吉。基阔屋多，则大门远而不验，又以房之总门便门为重，而以房门与灶相助吉。大门吉，合宅皆吉矣。总门吉，则此一栋吉矣。房门吉，则此一房皆吉矣。

宅无吉凶，以门路为吉凶。盖在坐山及宅，主本命之生天延三吉方，则吉气入宅；而人之出入，步步去路，自然获福矣。倘与人共居，专不能闭，而左右俱有门路，则气散而宅弱，祸福俱不应矣。此等屋，惟灶在吉方者吉。或大门在凶方，限于基地而不能改动，当于吉方另开一房门，以收吉气，稍补于宅。或将客厅仍向前，卧房倒向后，房前吉，门吉路，亦吉。倒向则房后宜闭塞，房前要天井，宅之后墙不宜正中开门泄气，故便门必在两角上择三吉方开之。

凡门腰门，必将罗经格定，量准丈尺，方可开。法自后栋之后檐，量至前栋之前檐，如得六十丈，则于三十丈下，罗经取吉方开门。开门宜在地支上，所谓门向地中行是也。

门不宜多开，多开则散气。路不宜多岐，多岐则宅弱矣。

屋门对衙门、仓门、庙门、城门者凶，街道直冲门者凶，街反出如弓背者凶。

八宅明镜

宅门三重莫相对，宜相退让。

凡门楼不可高压正堂，主招讼，损小口。若有牌坊欺压本堂者，克妻子，口舌官非被劾，在上堂之中者尤甚。

凡耳门在侧者宜相生。如癸山大门在丁，耳门在巳，巳属火被癸克，主中男目疾。以正门属长，耳之左属中而坎又为中男也。

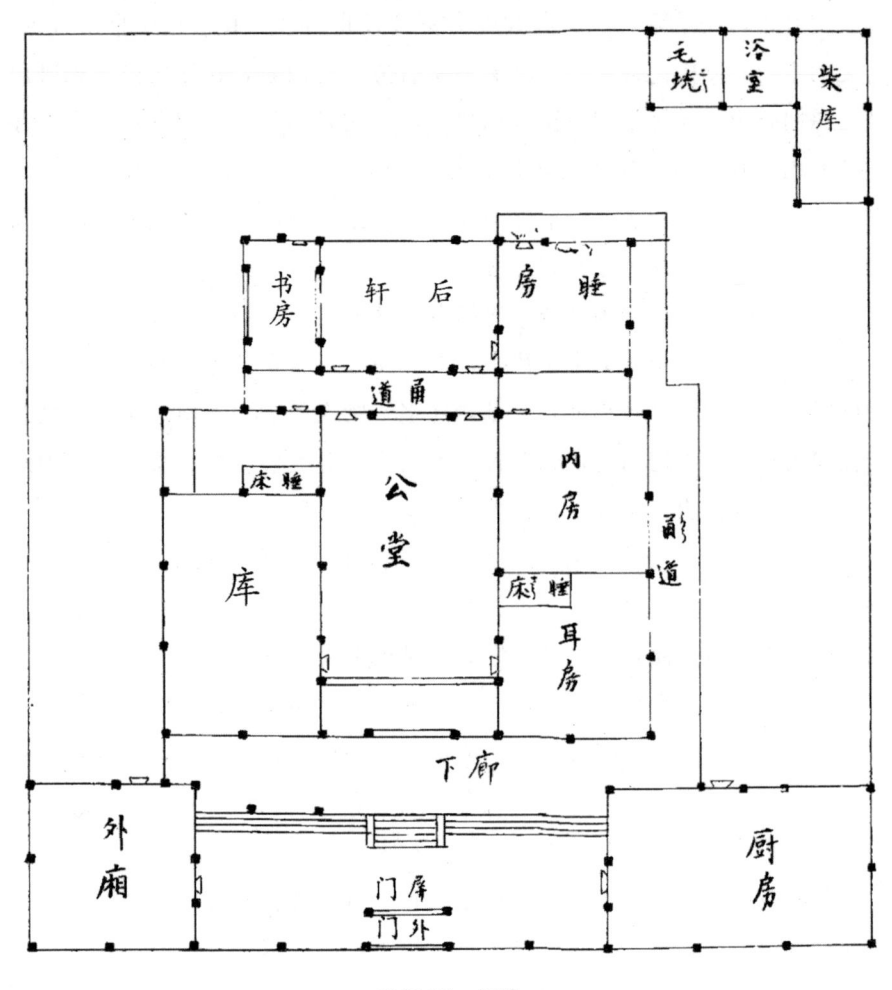

增图 34 门路

定游星法

先从座上起游星到门上，后从门上起游星还本位，飞得吉星到本位，忌开门后窗以泄气。坐后不忌天井，但天井之后必有墙垣，上不宜开门与窗耳。凶门飞得凶星到本位，反宜开后门后窗以泄之则减凶。如一宅有高房，即从高房起游星，数至门上系何星飞。如新造之宅，从吉宫数至门也。

屋高四五尺以上者，即以高屋作主，如止高二三尺，仍从门上论星。

如坐坎门，选门坎上有高房为主星，轮至巽上为生气，大利。若艮方有高房，便从艮起星，巽变为绝命矣。星克宫已凶，况寄土宫乎？余例推。

闵海门云：生气木星之房，必多子郎。乾兑宫亦然，不忌宫克星。

天井

　　天井乃一宅之要。财禄攸关，须端方平正，不可深陷落槽，不可潮湿污秽，大厅两傍有衔，二墙门常闭，以养气也。凡富贵天井，自然均齐方正；其次小康之家，亦有藏蓄之意。大门在生气，天井有旺方，自然阴阳凑节，不必一直贯进，两边必有辅弼。诀曰：不高不陷，不长不偏。堆金积玉，财禄绵绵。左畔若缺男先亡，右边崩缺女先伤。

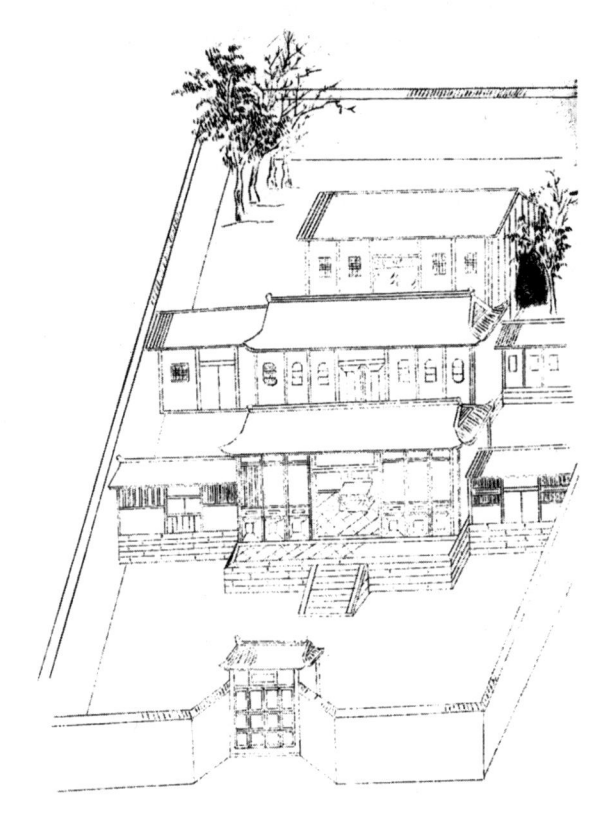

增图 35　天井

床

安床不宜担梁。后担金属阴，主梦魅压镇；前担金属阳，主有嗳气疾。

安床在生气方，不可稍偏。如巽门坎宅，盖屋四栋，又四栋独高，是木得生方，上吉。

安床须在当中一间，方乘生气，偏东便是绝命，偏西便是祸害，不利。若两边有厢房，不必拘此。

增图 36　大床

安床总以房门为主。坐煞向生，自然发财生子；背凶迎吉，自然化难生恩。

床向宜明不宜暗，暗则主哭。如房不便开门见阳光，可将床安向前面近阳光可也。

床怕房门相冲，以一屏风抵之乃佳。

阳宅诸事，惟床最易，宜合命之吉方，宜合分房之吉方，宜合坐山之吉方，则生子发财，易如反掌。

灶

灶在乾宫是灭门，离宅忌之。

亥壬二位损儿郎。坤宅忌之。

寅中得财辰卯富，宜于坎宅离宅。

艮乙尖火即瘟癀。

子癸坤宫众贫困，坤宅忌之。

丑伤六畜孕难存。乾宅忌之。

巳丙益蚕庚大吉，震宅喜之。

如逢午位旺儿孙。

辛酉丁方为病厄，坎宅忌之。

申巽申戌不为殃。

一人于壬山丙向第三进作乾灶，数月即损宅主。癸山丁向，作灶乾方，长子患疲。

兑宅作乾灶，亦损长子。凡灶门忌门路冲之，窗光射之，主病。

灶座宜坐煞方，火门宜向宅主本命之三吉方。

井

凡井以来龙生炁旺方开之,则人聪明长寿。若在来龙绝气方开之,而人愚顽。水倒左则左生气,在右则右生气。若水倒左,左边无水,则气又在上首矣。

增图 37 辘轳

诀曰：子上穿井出颠人，丑上兄弟不相亲。

寅卯辰巳都不吉，不利午戌地求津。

大凶未亥方开井，申酉先凶后吉论。

惟有乾宫应坏腿，甲庚壬丙透泉深。

井灶相看，男女淫乱。穿井不宜在兑方，兑为泽为少女，水主淫，宜静不宜动。山上开井，须于龙之转身处开，若背上则无水。

坑

不论乡居城市，若于来龙之要处开一坑，则伤宅主，小则官非人命。艮坑不发文才，坤兑坑老母幼女多病，坎离坑主坏目，卯酉坑主孤寡，乾坑主老翁灾。诀云：坑作坤离，损丁伤妻。兑无财气，贫穷到底。乾犯禄存，目疾头晕。坎上开坑，夭亡子孙。若开艮位，痫疾癀瘟。

增图38 窦

黄泉诀

庚丁坤上是黄泉，坤向庚丁不可言。
乙丙须防巽水先，巽向乙丙祸亦然。
甲癸向中休见艮，艮见甲癸凶百年。
辛壬水路怕当乾，乾向辛壬祸漫天。

黄泉方房，俱有不犯为妙。

黄泉方有门对，或空缺，或明沟暗沟、屋角墙角、屋脊牌楼、直路旗杆等类，只待都天一到，祸尤速。

确能制煞，门路水港。如犯黄泉，宜对头打之，亦权制之法也。

门路沟水，不可犯"黄泉"字上。黄时鸣云：四路反覆黄泉，皆以向论，不论龙与坐山也。然惟八干四维有之，若十二地支向，则无黄泉也。

看黄泉水，不论几重屋，俱于滴水下，下盘格之。看黄泉门于厂厅下，下盘格之，在何辰，定大门，其余各房正中看之。

看黄泉路，以大门下盘。如乾巽向前檐滴水下，下盘看路在乙辰方上，主绝一房。门犯黄泉，纵开福德亦凶。

黄泉吉凶 阴阳二宅同

庚丁坤上是黄泉，

庚向：坤来吉，坤去凶。丁向：坤去吉，坤来凶。出辰：丁来吉。出丁：坤来凶。

乙丙须防巽水先。

丙向：巽来吉，巽去凶。乙向：巽去吉，巽来凶。出丑：乙来吉。出乙：巽来凶。

甲癸向中忧见艮，

甲向：艮来吉，艮去凶。癸向：艮去吉，艮来凶。出戌：癸来吉。出癸：艮来凶。

辛壬水路怕当乾。

壬向：乾来吉，乾去凶。辛向：乾去吉，乾来凶。出未：乾来吉。出辛：乾去凶。

生命

八宅之三吉方，开门走路，宜致福应，而反召祸者，生命不合也。故看宅，必兼论生命方。

如木房木星，水命居之，谓之化。金命居之，谓之制。破军临巽克妻，若水命火房便不妨。

《斗灵经》云。凡定方向，止论家长年命，无弟男女姓及女命同起之理。若家长没后，以长子生命定之。其弟男子姪，各照生命，东西定房。若止有主母当家，以母为主。

假如西四宅妻是东命，夫是西命，其居法当何如？若住乾房，夫居西间，妻居中间，盖中间即作坎位论矣。若住南房，夫居西间，妻居中间，或东间，中与东，即属巽离之位矣。若居东房，夫居北间，妻居中间，或南间，中与南即属震巽之位矣。若居西房，则夫居中间，妻居正间，或正北，南与北，即可作坎离论矣。其安床大端，首向东南可耳。大抵夫妇生命不同，则当以夫为主。余仿此。

九星制伏

生炁降五鬼，天医欺绝命。延年压六煞，制伏安排定。

增图 39　厩

八宅明镜卷下 内附救贫灶卦

辰南戌北斜分一界之图

此阴阳东西,乃二十四位,东西分阴阳也。阴阳卦,即两仪所生之阴阳卦也,非游年东西之谓。巽离坤兑四属阴卦,一卦管三山,故辰字起,至辛字止,十二位为阴,在界南。戌字起,至乙字止,乃乾坎艮震四阳卦为阳,在界北。阳连阴断,一房一画,六爻成卦,而分东西之吉凶也。凡移居迁灶,各有来路;即出外赁房客寓,上官嫁娶,女往来母家,千里百里,丈墓尺地,皆有所来之方,谓之来路。如旧居于街西,今移来街东居之,谓之震宅,是东四宅来路也,东四命居之吉。若西四命移此凶,谓之来路无根,居一月后失财,百日后疾病口舌,半年后伤子退财。若西四命

八宅明镜

移居西方则吉，一月后得小财，一年后发大财，且有寿。若东四命移此，又凶矣。灶座迁移之来路同断。若来路不吉，宜权借他灶食四十九日，合来路改之方吉。盖来路吉凶，不论远近久暂，即隔壁近移尺地丈基，即有应验。其为祸福之源，宅法不可不慎也。

增图 40　圈

迁者来路元空装卦诀

元空装卦诀，带去二爻呼。住宅为三象，气口返为初。

假如旧主在正东方，迁入正西方，是从阳入阴地，则正东为带去之来路，正西为新移之宅向矣。正东属震，在阴阳图斜分界之北，阳方也，即画一阳爻。正西属兑，在阴巽图斜分界之南阴方也，即画一阴爻，于前画阳爻之上，是第二爻，即所谓"带去二爻呼"。如新迁之宅向是兑宅，即画兑卦三爻，加于前画阴阳二爻上，即所谓住宅为三象也。再看新宅大门，灶门在何卦内，①若开在南与西，在阴阳图斜分界之南乃阴方也，即画一阴爻于前画五爻之下为初爻☷，即所谓气口返为初也。如此装成☵坎卦，为下卦，三爻根也。新迁兑宅，所画兑卦☱，为上卦，三爻梢卦也。上下六爻，配成泽水困卦，又命卦，为身卦，配合根、身、梢三卦。今兑属金，坎属水，虽金水相生，奈兑为西四，坎为东四，系是变下一爻，为祸害，禄存土星，主伤阴人小口，大凶。若更西四居之，立见凶败。如东四命人居此，其祸稍缓，盖身同道故也。若欲变凶为吉，则需急改大门灶口，于阴阳图斜分界之北阳方，即初爻气口，亦变为阳象，换为纯兑☱，配出伏位，乾艮命人居之吉，以命卦与根梢卦配出生气延年也。或再修宅之第三层、第六层，抽换成乾，为阴阳比和，合生气吉星，必有福应矣。余仿此。

〇新移居者，作灶必用此诀，若但改灶，则位宅为三象，而梢卦可不论，第以命卦配来路阴阳吉凶为要。总之，来路装卦为根卦，本命所属为身卦，本宅所属为梢卦，根身尤重。

〇如坎宅灶自西移东，而灶口朝巽，则本宅为坎三卦，灶为巽卦，配出生气，东四命居之吉。

---

① 大门灶门，皆名气口。

来路灶卦方向诀

灶座论方不论向，灶口论向不论方。若灶卦，论方而又论向也。凡宅有动，即有卦应，而其用有三：一曰建宅，布爻画卦，顺逆造法，配卦也；二曰修宅，抽爻换象，三元进气，改卦也；三曰移灶，方向命卦，配合来路，灶卦也。三者惟灶验尤速。

方向来路之法：以地盘二十四字，辰南戌北，斜分一界，自辰巽顺行至辛，属阴方；自戌乾顺行至乙，属阳方。假如西命人旧灶在巽方，已不吉，今移往西北乾亥方，去而从阴入阳，不论一尺地基，或百尺百丈，卦宜乾坤艮兑，灶口宜向西，则盘根元空二灶法俱合，西四命人用之则吉，半月得财，年余生子。若东四命移此凶，应半月失财，年余损子矣。

○东四命人，旧灶在西北乾亥方不吉，今移往东南巽巳方，为从阳入阴，不论所移地基远近，卦宜坎离震巽，灶口宜向东南，则盘根元空二灶法俱合，东四命人用之吉，西四命人移此凶。又灶所座之台基，即是烟通灶座也，人视为细事，不知宅之恶务也。安本命凶方则吉，压本命吉方则凶，屡试屡验。

○如压本命生气方，应主或堕胎无子，被人谤诽，不招财，人口逃亡，田畜破败。

○如压天医方，应主久病卧床，体弱肌瘦，服药不效。

○压延年方，应主无财少寿，婚姻难成，夫妻不睦，人口病，田畜败。

○压伏位方，应主无财困苦。诸事不顺。

○压绝命方，应主康寿，添丁生男，易养发财，进人口。

○压六煞方，应主无讼有财，无火灾，不损人口。

○压祸害方，应主无讼无病，不退财。

○压五鬼方。应主永无火盗，招奴婢多人，忠心助主，发财，无祸不病，田畜大旺。

其看真空方位，须量屋之基地始真，不可揣度质疑。宜以大纸一幅，将屋基层层量定丈尺，绘图纸上，每屋一丈折纸一寸，以便折算。将开折分八股，连中九股均分，而知其位之间架，分宫位，看灶居某方，与宅长命合；灶居某方，与宅长命不合，而吉凶分明矣。故宅法灶座论方，而灶口惟论向。如兑命人灶口向兑则为伏位，百事如意。兑命人灶口向乾，则为生气灶，生财得子。兑命人灶口向坤，为天医灶，主无病，如有病易愈。兑命人灶口向艮，则为延年灶，主和合，却病增寿。此四灶口，与兑命一路，皆西四命西四灶也。余所向则犯祸害、六煞、五鬼、绝命，而凶立应矣。

若房门房床碓厕之类，只论背坐之方，不论向也。如东四命人房床俱宜向东四一路，若反在西，急宜改房东方则吉。余可类推。

假如人有朝南屋一所，以左十数间为东方。如正一间房朝南，亦以房内左边为东方也。凡灶座烟道客厕，但压得本命凶方，反致大福。若欲移过，必慎其所移之方，或换移凶方，或因移来路阴阳者，必有凶应。略过尺，其移动亦存应验。总之分房来路灶向，俱合吉方，必有吉应。来路阴阳，宜看往来路，从阳入阴，或从阴入阳则吉。若阳移入阳界，阴移入阴界内，则凶。重阴伤女，重阳伤男；三犯重入，破家绝嗣。

验过吉凶八位总断

《易》有八卦，宅有八方之向。又分四吉四凶，乃人人有之者也。八方之内，第一吉星曰生气贪狼木星，凡合得此生气八卦，必有五子催官，出大富贵，人口大旺，百庆交集，至期月自得大财。第二吉星曰天医巨门土星，若夫妇合命得之，及来路房床灶向得天医方，生有三子，富有千金，家无疾病，人口田畜大旺，至期年得财。第三吉星曰延年武曲金星，凡男女生命合得延年卦，来路房床灶口向得之，主有四子，中富大寿，日日得财，夫妻和睦，早婚姻，人口六畜大旺，吉庆绵来。第四吉星曰伏位辅弼木星，得之小富中寿，日进小财，生女少男，然灶口火门，向宅主之伏位方，天乙贵人到伏位，其年必得子，又好养，最准。以上四吉方，宜安床，开大门房门。又宜合元运。安香火土地祖祠店铺栏仓等类，俱宜合四吉方，忌四凶方。

第一凶星曰绝命破军金星，宅内方向，本命犯此，主绝子伤嗣，自无寿，疾病，退财，散田畜，伤人口。第二凶星曰五鬼廉贞火星，犯此主反仆逃走，失贼五次，又见火灾，患病，口舌，退财，败田畜，损人口。第三凶星曰六煞文昌水星，犯之主失财口舌，败田畜，伤人口。第四凶星曰祸害禄存土星，犯之主有官非疾病，败财，伤中人。凡本命四凶星，反宜安厕坑粪缸，灶座烟道，井碓缸磨，柴房，客座，床棹，为空闲之房。此数件，压本命四凶方上，镇其凶神，不但无灾，而反致福也。有家者宜慎之信之。

贪巨武文为阳星，禄破廉辅为阴星。乾坎艮震为阳宫，巽离坤兑为阴宫。

宫为内，星为外。内克外半凶，外克内全凶。

○阳星克阴宫不利女，阴星克阳宫不利男。如禄存土星为阴星临坎，阳宫生中男不利也。

增灶口向

灶口者，乃锅下尺许之口，纳柴进炊之火门也。此口能速发吉凶，期月即验。如东命人灶口向东吉，向西凶；西命人朝西吉，东向凶。必须烧火之人，背对吉方，面对大门，是真吉向也。

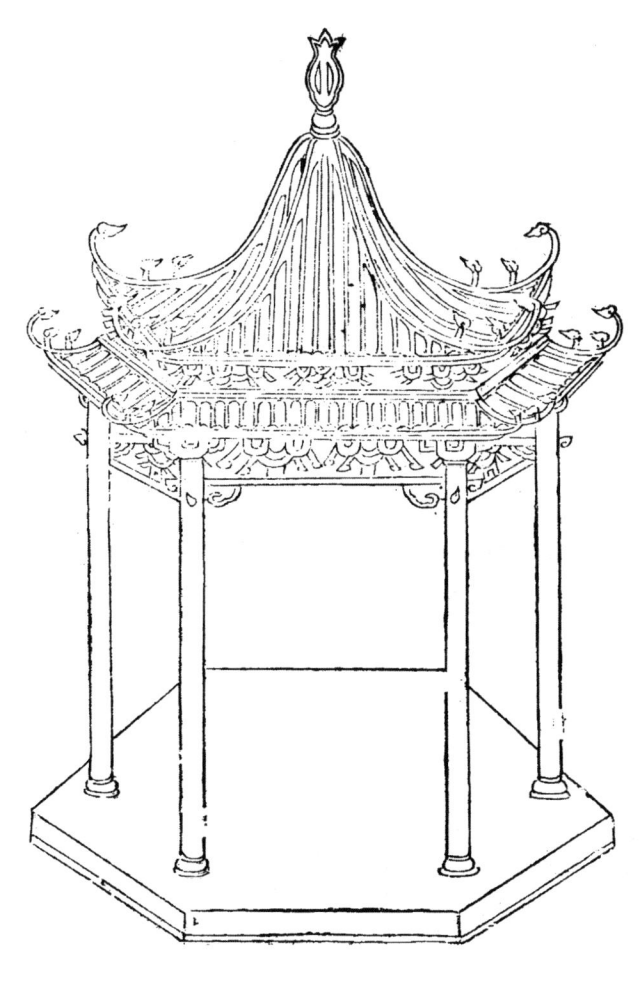

增图 41　亭

增分房

　　分房者，祖孙父子、叔姪兄弟所居房床方向也。虽未分居各爨，而房内床之丈基尺地皆是。如西命宜在父母床身之西安床吉，东则凶。此法不论楼之上下，只论尺地之方合命，便无疾病而有福寿也。故弟兄东命居东，西命居西则吉，切勿执哥东弟西之俗例也。

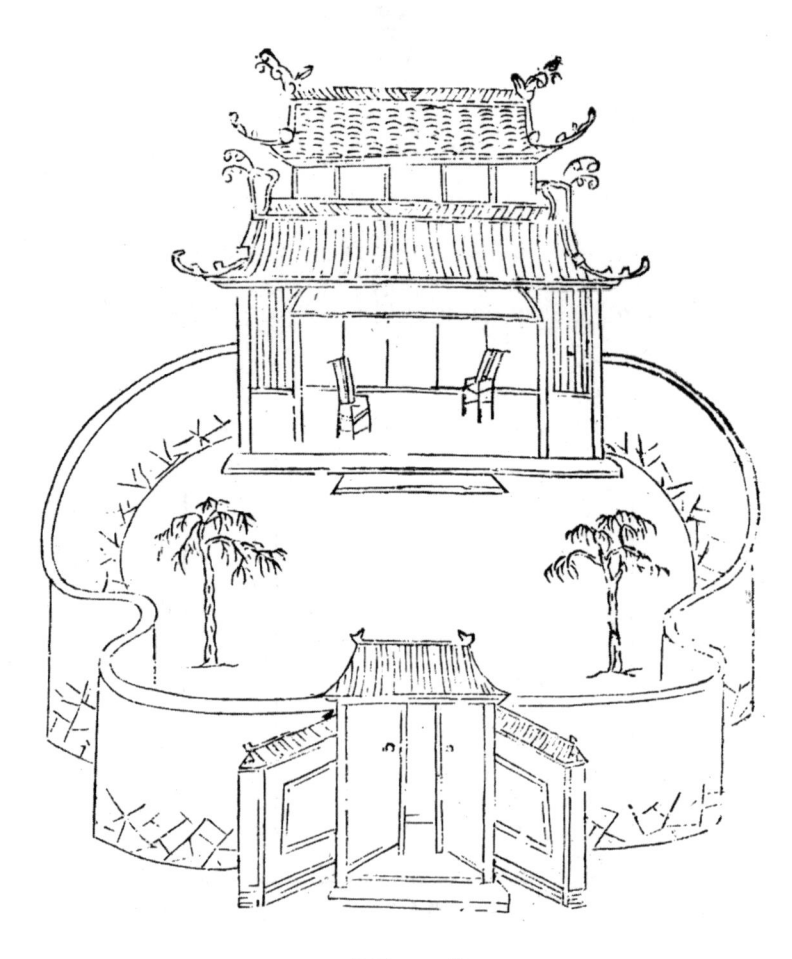

增图 42　馆

增修方

修补房屋，皆谓修方。如东命人修造东方屋吉，忌进西方，半年之内，祸福立见，试之屡验。

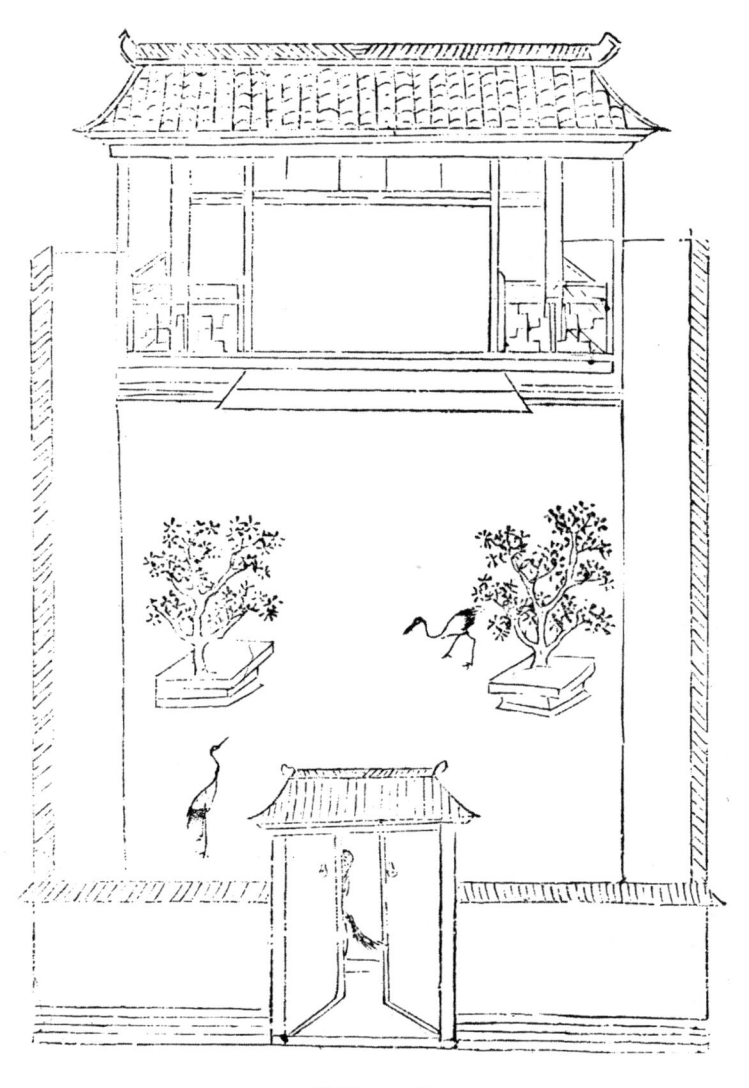

增图 43　庭

生气图

贪狼震木

兑 ☱	乾 ☰	巽 ☴
离 ☲	变上一爻	坎 ☵
震 ☳	坤 ☷	艮 ☶

　　变上一爻为生气，生比自然，吉中最贵。乾变兑，兑变乾，离变震，震变离之类，皆生炁也，皆生比也，皆自然也。乾兑震离，数往者顺；巽坎艮坤，知来者逆，而一二三四五六七八，此皆自然之数也。帝出乎震，生气资始，其性纯吉无凶。临在坎离震巽为得位吉，在乾兑为内克凶，在坤艮为战减吉。彼克我为内克，我克彼为列战。

　　○生炁吉应在亥卯未年月。
　　○求财求子宜作生炁灶。

天医图

巨门艮土

兑 ☱	乾 ☰	巽 ☴
离 ☲	变下二爻	坎 ☵
震 ☳	坤 ☷	艮 ☶

变下二爻为天医，未必自然，吉故次之。乾变艮，艮变乾，兑变坤，坤变兑，皆天医也，生比也。然乾一与艮七为天医，非若乾一即变兑之自然，故云"未必自然吉"。

○天医虽五行有相生之义，不若生气浑沦而无迹，故为次吉之星。临在乾兑坤离为得位吉，在震巽为内克，在坎为外战减吉。

○天医吉应在申子震年月。

○禳病除灾，宜作天医灶。

延年图

武曲乾金

兑 ☱	乾 ☰	巽 ☴
离 ☲	三爻皆变坎	☵
震 ☳	坤 ☷	艮 ☶

三爻皆变为延年，未必皆生，吉又次焉。乾变坤，坤变兑，兑变艮，皆延年也，相生也。如坎离互变，则水火相克，虽是夫妇终有损，故云"未必皆生"。

〇此图天地定位，山泽通气，雷风相搏，水火不相射，乾父与坤母配，未必天医纯是相生之义，其吉又次之。临在乾兑艮坤为得位，在离为内克，在震巽为外战减吉。

〇延年吉应在巳亥丑年月。

〇却病增寿宜作延年灶。

祸害图

禄存坤土

兑 ☱	乾 ☰	巽 ☴
离 ☲	变下一爻	坎 ☵
震 ☳	坤 ☷	艮 ☶

变下一爻为祸害，有生有克，是为次凶。乾巽震坤克也，坤兑离艮生也。

○祸害有生有克，克者固凶，生者又反凶，何也？如震克坤，乾克巽，东西相克，其理易见；至离生艮，兑生坎，其理难知，故曰"火生于木，祸发必连"，由恩生子，子害于恩。

○祸害凶应，在申子辰年月。

○争斗仇雠，因作祸害灶。

六煞图

文曲坎水

兑 ☱	乾 ☰	巽 ☴
离 ☲	上下爻变	坎 ☵
震 ☳	坤 ☷	艮 ☶

　　上下皆变，文曲六煞；生克相济，宴笑戈甲；乾坎离坤，六煞相生；巽兑艮震，六煞相克，故曰"相济"。六煞生克，虽与祸害相等，而卦不同，及西金克东巽木，东震克西艮土，东离生西坤土，西乾生坎水。盖生理不顺，反来盗败，遂致祸生谗佞，故次凶。

　　○六煞凶应，在甲子辰年月。

　　○耗散盗脱，因作六煞灶。

五鬼图

廉贞离火

兑 ☱	乾 ☰	巽 ☴
离 ☲	变上二爻	坎 ☵
震 ☳	坤 ☷	艮 ☶

爻变上二为五鬼，五鬼最毒，位位相克，灾随位发，昂头即应。

○五鬼之神，虽与绝命同，而卦则巽西四乾金，克东四震木；东四巽木，克西四坤土；西四艮土，克东四坎水；东四离火，克西四兑金，世道抵牾，相及相靡，由二煞所致也。

○五鬼凶，应在寅午戌年月。

○官讼口舌，因作五鬼灶。

绝命图

破军兑金

兑 ☱	乾 ☰	巽 ☴
离 ☲	变中一爻	坎 ☵
震 ☳	坤 ☷	艮 ☶

爻变中一为绝命，东西上下，合着皆伤。

○绝命者，至凶之神，亦是先天克制而生。东四离火，克西四兑金；西四兑金，克东四震木；西四坤土，克东四坎水；东四巽木，克西四艮土，仇雠相克，不绝不休。

○绝命凶应，在巳酉丑年月。

○疾病死亡，因作绝命灶。

伏位图

辅弼巽木

兑☱	乾☰	巽☴
离☲	三爻皆伏	坎☵
震☳	坤☷	艮☶

三爻不变为伏位，安静无为，可进可退。

乾遇乾，坤遇坤，事事比和，所为如意。

○伏位吉应，在亥卯未年月。

○求为如意，宜作伏位灶。

子嗣口诀

贪生五子巨三郎,武曲金星四子强。

五鬼廉贞见二筒,辅弼只有半儿郎。

文曲水星惟一子,破军绝命守孤孀。

禄存无子人延寿,生克休囚仔细详。

〇右诀非专以妻命论生子数目,假如坎命男女,得巽方来路,又灶向又妻巽命相同,皆得生气,则有子而兼得富贵也。

增图 44 斋

乾命之宅 西四

辰巽巳

上元男命坎一白逆行戊
辰丁丑丙戌乙未甲辰癸丑壬
戌辛未庚辰己丑戊戌丁未丙辰
上元女命中宮五黃順行乙丑甲戌
癸未壬辰辛丑庚戌己未
下元男命乙丑甲戌癸未壬辰辛丑
下元女命艮八白順行辛未庚
辰己丑戊戌丁未丙辰

丙 午 丁　絕

巽 巳　禍

甲 卯 乙　生

艮 丑　五

巽方水绕乾局

乾命东五鬼，如灶向与来路犯之，长子难招，后有两子。犯此六煞方，伤仲子而有一子。犯巽祸害，伤长子女而终无子。若改生气方，又当五子矣。

生气贪狼降五鬼，天医巨门欺绝命。

延年武曲制六煞，九星制伏自安然。

如犯五鬼方，宜修生气，则消祸矣。修其所生，以泄其凶也。

〇灶卦克应，附各图后。

乾命

伏坎艮震巽离坤兑
乾六天五祸绝延生

婚姻

一乾命人问公，公曰：求婚难就，何法可速？公为之改灶口向延年坤方，又于父母身床之坤方安床，又合延年分妻，果半载得妻，委系延年坤方之女也。

子息

一乾命人难得子，公为之改灶口向生气兑，后生五子。假如移灶口向延年坤，有四子；向天医艮，有三子。予见公为乾命人移灶向艮方，生三子；后改灶口朝兑向，又生五子，共生八子。总得生气方向，专发子孙，乃最验者。然用罗经须仔细，若灶口寅向误用甲，则犯五鬼；用丑向误用癸，则犯六煞，乾命人大凶。予方见乾命人移西北乾方来路，灶口向乾，只生女，无子，以辅弼星无生也。乾命灶口犯离命主伤子，或不生子而自病夭。此绝命凶星，专主病夭绝嗣也。曾见乾命人于南方修火屋三间，而次年子绝孙殇，且自患痢，肛脱而死。有乾命人客往南方，竟不生还。总之，乾命若犯离方绝命作灶口，移居来路出行修造出嫁，必大凶。一乾命女嫁往生气方，生五子后，改兑方灶口朝南，先伤仲子，继患痰噎，期月病终，三年内长子及三四五子俱亡。又乾命女嫁往南方，虽灶口向兑，而生五子，后皆夭亡，以犯来路之绝命也。若能改灶口向生气，则无伤而有子矣。分房修方，来路同验。又须门房灶床，皆压凶方，向吉方，此为尽善，半月即见效验。生气者，兑方也。

疾病

　　一乾命男误用灶口向离，而伤乾金，心火炽，克肺金，先心痛痰火，后咳嗽劳喘，吐血肺烂，头痛脑漏，鼻常流水。杨公令其莫食朝南旧灶，新添一小灶，或风炉口朝东天医艮方，炉压本命屋内之绝命离方，以除离卦之凶，食月余而病痊，并除根不发，盖天医乃嵩主除病之吉神也。有一乾命人，犯震巽二方之来路灶口，患生肝气目疾、跌伤手足、麻疯、疮毒、瘫痪等症。又一乾命人犯五鬼方向，患伤寒痎疾，脚疮肾虚诸症。又一乾命女犯坎六煞，症犯赤白带下，经期停阻，叠次小产。若将来路灶口等，改向艮方天医位即除病根，向坤延年且多寿矣。

灾祸

　　一乾命人犯灶口向离，即有官非口舌火灾，仲媳忤逆，伤妻女。又一乾命人灶与大门俱朝离，其妻淫乱。予师令其改灶口向兑，而灶座烟通，压大门后丙午丁方，以除离凶，后果不淫。又乾命犯北方来路灶向，有人命干连风波之事。犯震方，则奴婢窃取逃走、失贼火灾，兼伤长子。犯巽方，有东南妇人唆讼，又伤母妻及长子女。俱照疾病门解除之法，用之大吉。

坎命之宅 东四

祸 庚酉辛

绝 未坤申

上元男命甲子癸酉壬午
辛卯庚子巳戊午
上元女命巳巳戊寅丁亥丙申
乙巳甲寅癸亥
下元男命庚午巳卯戊子丁酉
丙午乙卯

延 丙午丁

下元女命丙寅乙亥甲申
癸巳壬寅辛亥庚申

生 辰巽巳

天 甲卯乙

祸 丑艮寅

离方水绕坎局

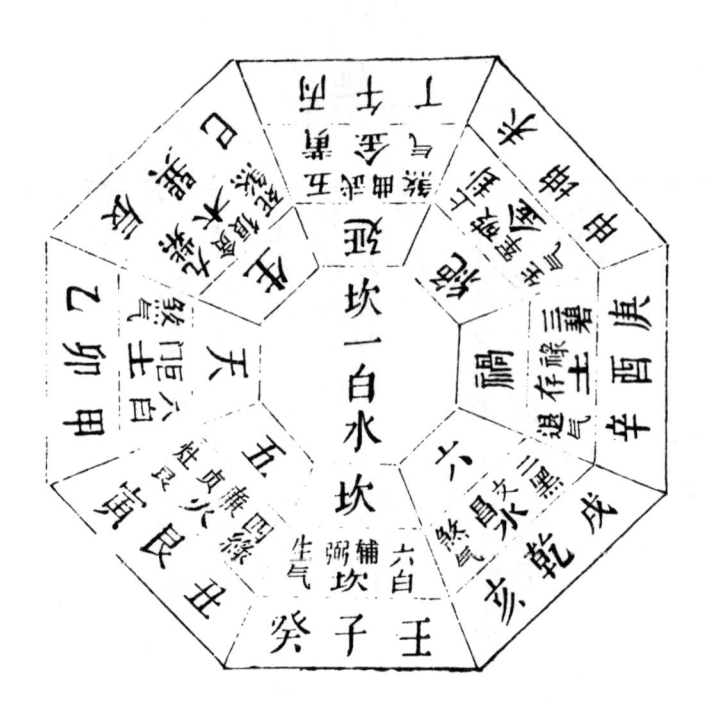

坎命得巽方来路，灶向生气，有五子。得离延年，有四子。得震天医，有三子。得坎方伏位，只有女。犯绝命坤，伤长子，后绝嗣。犯五鬼艮，伤季子，后有二子。犯六煞乾，伤长子，后有一子。犯兑祸害，伤季子女而无子。若改生气方，则又有子矣。娶兑命妻，主不和。犯禄存土，虽无子而有寿。

坎命

伏艮震巽离坤兑乾
坎五天生延绝祸六

婚姻

坎命宜配巽妻，灶口宜向巽，求婚宜灶宜向离，及安床于父母身床之离方分房来路。修方同。坎命夫配巽命妻，有五子，又和睦，助夫成家。

子息

坎命男得巽来路灶口，又与巽命妻相同，皆得生气，则有五子，又富贵也。一坎命人初年无子，后添造东分房，而生子五人。又见坎命人得巽命妻，果得五子。后来误改灶口，向坤食之，十年而子皆死。又见坎命妇配巽命夫，生五子。后年老夫亡，误改灶口向坤食，八年子亦皆死。又坎命人问师曰："我坎命，误娶兑命妻，祸害禄存土，又命犯孤，当无子，何法挽之？"师曰："将大门改朝汝坎命之东南巽向，得生气，当有五子，虽命犯孤，亦当有子。又将小灶或风炉另以口朝乾向，使妻独食，乃妻命生气吉向，亦当有子。"其人从之，从果生五子。可见阳宅之灶口方向，能挽回造化，神验如此。

疾病

一坎命妻犯脾泄，而夫开饭店，师过之寓焉，夜间闻病声。师曰：

"以小灶改向震天医方，与他饮食自愈。"店主曰："老妻脾泄，卧床半年，数日不食，将危难救。"师曰："新灶试煮汤灌之。"及饮半盃，病妇曰："香甜好药也。"旬余而痊。盖其灶口向坤绝命方，故患脾泄。师曰："新灶改向天医震方也。"

灾祸

坎命人犯坤方，老母不慈，妻妾不和。又妻妾泻痢，并伤母妻、子女、老婢，绝嗣。若犯兑方，必生恼怒，吊缢刀伤，夫妻不睦，而见三光、火光、血光、泪光，伤妻及婢女，又有西方圆面女人唆讼破财。如若无此，必有疯狂瘖痖痨噎诸疾。一坎命妇，食向兑祸害灶口，三年上吊十余次，幸来路吉，故屡得解救。后改灶口向东南巽，则永不吊矣。若夫命不利巽方者，又不可耳。故夫妻二命各东西者，宜以夫命定灶口吉向，而外以床房厕各爻救妻可也。

○人问师曰："有坎命妻病，接丈母到家看妻，不知分房之方，而其病反凶。"师曰："令改丈母房在西方，而妻在丈母之东方尺地或丈基，便得分房之吉矣。"渠从之，又添向吉灶口与妻食，果痊。坎命犯乾六煞，受父兄责辱如父老。长子不孝，老仆不仁，刀伤自缢，长子妻女皆痨死。

○又一坎命修造乾方大门，周年后有过路老人死此门下而败家。是以误修六煞者，皆有人命讼事。

○若坎命妇犯此六煞，当被翁夫责詈。

○坎命犯艮方，先伤季子，继伤小仆妻妾，失财被窃五次，奴仆逃走，而有火灾也。

艮命之宅 西四

```
              祸
             丙午丁
    绝            生
   辰巽巳         未坤申
                 
                 天
    六           乙酉辛
   甲卯乙         
                 
      伏          延
     艮寅甲      戌乾亥
           祸  王
              壬
```

八宅明镜 卷下

坤方水绕艮局

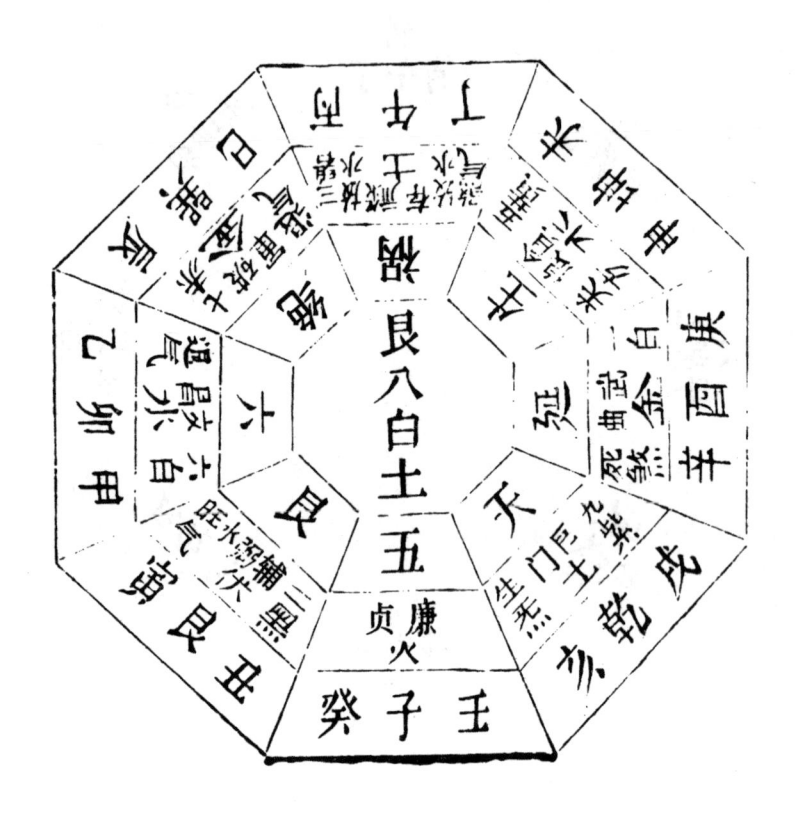

　　艮命得坤方生气灶口，有五子；得兑方延年，有四子；得乾方天医，有三子。若艮方伏位，只有女。犯巽方绝命，先伤长女，后伤长子而绝，皆脾泄惊痱、疮麻疯疾，或不生子而绝也。犯震伤长子而有一子，犯坎伤仲子而有二子，犯离伤仲子而终无子，以祸害亦在土绝也。

艮命

伏震巽离坤兑乾坎
艮六绝祸生延天五

婚姻

艮命配坤命妻，有五子；配兑有四子，夫妻和睦；配乾有三子。灶口宜向生气坤，求嫁宜向延年兑。

子息

一艮命犯巽方绝命灶口，后果绝。

疾病

一艮命寡妇无子，食巽向灶口三年，有将笄之女，疯痨危笃。师曰："若添乾向天医灶口，与女独食，不但减病，亦可保寿。必须不食旧灶口，改坤向生气灶口食之，则不伤女矣。"从之，而女果得痊。父母能伤女，女岂不伤父母，智可类推矣。故医病人，宜先治其父母方向，或先治其子女丈夫方向，又添改病人方向，则速验矣。其生症，则艮命男女犯离方向，主伤风咳嗽、痰火症疮、痈毒吐血黄瘦；犯震则痢疟泻血、跌伤手足、中疯瘫痪，至三年后，大麻疯死。若小儿犯巽灶口，或分房巽方，则脐疯慢惊；犯坎则伤窠肾虚遗浊等症，妇人则经闭血崩小产，皆用乾方天医向除病，或用兑方延年来路，与分房方位则吉。

灾祸

　　艮命犯震方，有东哑喉长身木形人，唆讼破财，大子不孝，伤父母长子，又自跌伤手足。若父告忤逆，则免人命讼矣。犯巽伤母妻子女至绝嗣，又自伤手足而夭，受父母督责，夫妻不睦，长子忤逆。犯离主妻淫声远播，或经官府，持权欺夫，扰乱家政，夫怒成病，即《水经》云"艮离阴人搅家风"也。又常有得胜之小官非破财，常自哭泣，又有三光等等灾。有一艮命富翁，大灶有七锅，而口俱朝南，共七妻。妻艮犯坎，失贼五次，又火灾。妻妾窃财与父母，奴仆逃走。伤仲子，水灾。又伤寒肾虚，遗浊虚弱贫穷也。

震命之宅 东四

生
丙午丁

延
辰巽巳

祸
未坤申

伏
乙卯甲

绝
庚酉辛

天
丑艮寅

六
壬子癸

兑方水绕震局

震命得南方生气来路灶口，有五子；得巽延年，有四子；坎天医，有三子；伏位只有女。犯酉绝命，先伤季子，女麻痘痨嗽而绝。犯艮六煞，伤季子后有二子。

震命

伏巽离坤兑乾坎艮
震延生祸绝五天六

婚姻

震命宜配离命妻，巽坎次吉。求婚宜安床巽方，则易成配。兑妻或灶口向酉，主妻缢。

子息

震命灶口向离，必有五子。若年老不能生者得向，亦有雇工五人，或奴仆五人，僧道亦有徒弟五人，并可大得财，又可唤子归家。曾见一老翁问师曰："子久客不归，有何法令其可归？"师为之以灶座粪厕压其人之绝命方，又灶口朝生气以招子。师家食之旬余，其子在外梦见绛袍玄冠灶神，语曰："汝父唤急，何不早回？"其子遂归。予做此法，为人唤子还家，虽螟蛉亦验也。师曾为人唤逃仆，亦以灶口朝主人生气方，又将灶座压主人五鬼方，其仆即来。盖以五鬼则其仆不逃，向生气则仆来也。又一震命人，半老无子，抱一过岁巽命螟蛉，取名压子，至三岁时，神附郡巫语曰："莫名压子，宜更名庆寿好。"其后老主百岁尚健，以震命得巽延年有子而有寿也。人问师曰："孩儿疮痘夜哭，何也？"此分房灶口之误也，可将此东命子于父母身床之巽方尺基之卧，则除分房之凶，而反得吉。又添一小灶，以灶口向巽，使乳母食之，以除旧灶之凶，其孩果安。世之为父母者，不知此法，而误子以吐泻惊疳诸症，悲哉！若西命孩，则宜于父母身床之西方去卧则吉，而东则凶也。灶口亦宜向西，而令乳母食之吉。

予尝劝友人医士习此法，以治小儿痘疮之类，十孩九活，百无一失。授此术者，体上帝好生之德，广人世嗣续之美，在吾掌握，绩阴功于冥冥，后人必昌，岂徒增取利禄乎哉！

疾病

震命灶口犯兑向，则咳嗽吐血，伤肺腹膈诸症。艮则杨梅漏毒，脾胃疟痢，对口恶疽。犯乾伤肺吐血咳嗽，犯坤疟痢泻血漏病。

灾祸

震命犯兑方，季子不孝，先伤子女，后伤长子、末女小婢，绝嗣，又恐自缢。若女犯此，主痨瘵不思食，或来路吉者有救。

犯艮，有东北黄矮人干连人命官非，伤季子小仆。犯乾方先伤老父，继伤长子老仆，又思自缢，失贼，又火灾，仆逃。犯坤方，有西南方黄矮人唆讼破财，又妻不和，老母不安宁，兼伤母妻大女老婢。

巽命之宅 东四

天
丙午丁

未坤申

戊乾亥
辰巽巳

庚酉辛
六煞

乙卯甲
延明

丑艮寅
五鬼祸害

壬子癸
伏位

乾方水绕巽局

巽命得正北生气来路灶向，有五子；得坎分房，修坎方亦同。得东延年，有四子；得南门床香火灶向，有三子。若东南，只有妇女。犯艮，主疮毒伤，季子绝嗣。犯兑，主痨噎麻痘，伤季子女，而有一子。犯坤，伤长子长女，而有二子。犯乾伤长子，而终无子。

巽命

伏离坤兑乾坎艮震
巽天五六祸生绝延

婚姻

巽命人宜配坎命妻，离震次之。求婚宜安床震方易成，乾命祸害，妻自缢。

子息

巽命灶口。向坎有五子，向巽只有女，犯艮伤季子小仆。

祸害

巽命犯艮，先伤季子，后自病夭绝。犯兑人命官非，伤季子女。犯乾伤老父，继伤长子仆，大子不孝，母妻痨死，受父妻辱。又西北方有大头响喉人唆讼，得胜伤财。犯坤母妻窃财，又母争闹，夫妻不和，伤母妻，及大子女媳老婢。又大贼婢仆逃去，及火灾。

八宅明镜

离命之宅 东四

伏
丙午丁

辰巽巳　　　未坤申

甲卯乙　　　庚酉辛

　　　　　　

丑艮寅　　　戌乾亥

壬子癸

正北水绕离局

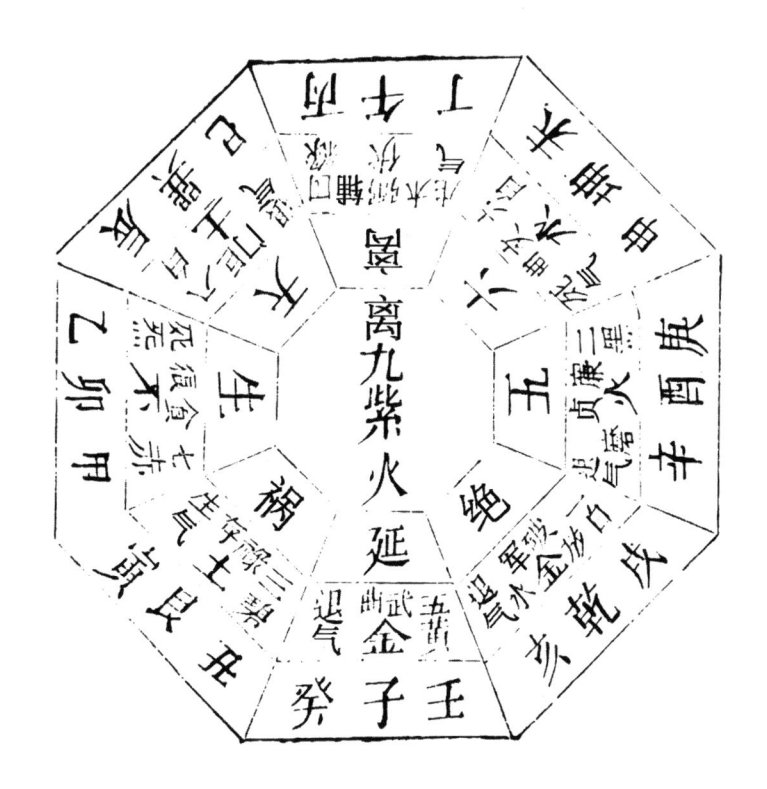

离命得震来路灶口，有五子。得坎延年，有四子。得巽天医，有二子。犯乾绝命，长子痨噎绝嗣。犯艮祸害，先伤季子女，后有二子。犯坤六煞，伤长子女，后有一子。若犯绝命方灶口来路，虽于在千里之外，亦应伤子绝嗣，而自身亦不寿。

离命

伏 坤 兑 乾 坎 艮 震 巽
离 六 五 绝 延 祸 生 天

婚姻

离命宜配震命妻，巽坎次吉。求婚宜安床坎方，易成。

子息

离命灶口向震，有五子。向乾绝嗣，向坎四子，向巽三子。

疾病

离命犯乾，伤肺咳嗽吐血。犯坤，疟痢脚肿。犯兑，肺腐咳，陈痰多，心痛损目。犯艮，小肠鱼口，杨梅阳烂疟痢。除病俱依前法。

灾祸

离命犯乾灾绝，又西北争打，破头流血，来路吉者不死，伤父及长子大仆。若妇命犯之，受翁责骂痨夭。犯坤吵闹，夫妻不睦，西南黄面老妇唆讼破家，伤母妻大子女媳。若凶卦多而灶口又向坤，久必自中毒药，妇人犯之，受翁责骂，或有脚肿痛疾。犯兑伤母妻妾、季子女，又妻窃财，小婢仆盗财，逃走失贼，又火灾。犯艮有东北黄童争讼破财，又伤小女子婢仆。

坤命之宅 西四

艮方水绕坤局

坤命得艮生气，有五子。乾四子，兑三子，坤只有女，犯绝嗣。有一坤命客，往坎方一年，家中子亡，皆伤寒慢惊疳痘，以坎肾也。又有一寡妇坤命，灶口向坎，三年内二孙溺水。犯离伤仲子女，而有二子。犯震伤长子，以后竟绝。犯巽伤长子长女，而有二子。

坤命

伏兑乾坎艮震巽离
坤天延绝生祸五六

婚姻

坤命宜配艮命妻，乾兑次吉。求婚宜安床向乾，易就。

子媳

坤命男灶口，向艮有五子，向兑三子，向乾四子。

疾病

坤命男女犯离，有心痛痰火吐血等症，用兑方天医来路除之。犯震巽有疟痢疮毒等症。犯坎绝命，男则伤寒疟疾，虚弱无寿；女则闭经血崩痨噎，除病可用天医兑向，五日见效，十一日起床，两月除根。用延年乾向，二十五日见效起床，虽有三分残疾，而延年有寿也。灶向天医，则用夹路延年方。如来路天医，则灶向宜用延年。余仿此。

灾祸

坤命人犯坎方，有投河风波溺死等灾。又虚损，伤仲子，后伤长子，绝嗣，小孩则慢惊风殇夭。犯离，则有人命官非，又妻淫，伤妻妾仲子女婢，又痰火心痛，仲媳忤逆。若有母则为仲女，以一家年岁长幼分仲季也。犯震有得胜官非破财，长子不孝，老仆不仁。

又一壮年坤命人添造震方房一间，予师阻之曰："修后一年，父必告汝忤逆。"其人曰："父爱我而恶弟，安有此事？"期年父果告之破财。其人又问曰："北方大屋，我欲居住，何如？"师曰："北方屋虽美，而汝坤命，犯坎方绝命，须先于坤方或艮方出向居数月，方进此大屋，不但无灾，而有福寿。"其人不听，遂居之，年余而死。

又一坤命女，修震方屋，被夫责辱不已，师令拆之而安。若坤命男犯巽方，老母妻媳窃财，婢仆逃走，失贼，又火灾伤母妻，又伤大子大妻大媳。

兑命之宅 西四

　　　　　五
　　　　丙午丁

（八卦方位图：坤申、庚酉辛、辛戌乾、壬子癸、甲卯乙、辰巽巳、丙午丁）

休　庚酉辛
天　坤申
　　辛戌乾
　　壬子癸
絕六　乙卯甲
五　丙午丁
辰巽巳

八宅明镜卷下

正东水绕兑局

兑命得乾方来路灶向有五子，艮四子，坤三子，兑只有女。犯震绝命，则子疟痢惊疳绝嗣。犯巽伤长子女，而有二子。犯坎伤仲子女，而终无子。

○凡灶向凶而势不能改者，则我不食之。或家中有合命者食之，我则另添小灶，或风炉亦可。只论灶口向三方吉为验。

兑命

伏乾坎艮震巽离坤
兑生祸延绝六五天

婚姻

兑命配乾妻，有五子，艮坤次吉。求婚宜安床艮方，易成。

子息

兑命得乾妻有五子，艮四子，坤三子。兑只有女，犯震绝嗣。

疾病

兑命犯离，痰火血光等症。犯震，损目疟痢，跌伤腰背手足。犯巽忧怒损目，伤手足。犯坎伤寒痿弱等症，妇则经闭小产等症。皆宜用天医延年方以解除之，则吉。

灾祸

兑命犯震，伤长子仆，跌伤手足，腰背少安。有一兑命富翁，添造震方大屋数间，三年后二孙皆死绝，以后自身亦死。犯巽有东南长身哑妇唆讼，或母吵闹并妻淫，又伤大子，损目，跌伤手足。犯离主失贼火灾，妻

八宅明镜

妾窃财，婢仆逃走，又妻吵闹，伤父母仲女婢。犯坎常有得胜官非破财，水灾，伤仲子女仆。若仲子命合宅吉方，则伤季子。曾见一兑命妇犯坎方，则有血崩疾，仲子溺死。

增图 45 墙

婚姻论_{有亏行者不准}

求婚世用吕才法，无如用改灶法最稳。妻元配夫元，大有补益。故妻之东四配东四夫，则有子又和睦。若配西四夫，则难嗣而不和矣。配生气有五子，配延年有四子，配天医有三子，配伏位本宫有女无子，配五鬼后有三子，配六煞只一子，配绝命则孤孀无子而难偕老，配祸害虽无子而有寿偕老。故论妻元配合，不专以妻命论。贵同夫妻配合，皆得生气为上吉，延年天医次之。世之为子求婚，及未定婚者宜留意焉。

增图 46　婚姻

子息论 有损德天刑年老不准

子嗣一节，世人不知其命，或知命而误用其方，以致伤子。今以各名成局，并集八方宅向游年，绘图于前，以便趋避。吾师以体上帝好生之德，为人广嗣也，求子者宜宝之。催丁则灶口宜向伏位，俟其年天乙贵人到向，谓之到命，必生子，极验。天乙贵人即坤也，轮法见前。

增图 47　子息

疾病论 凡冤谴鬼祸受病者不准

天地五行定位，乃东木西金南，火北水，中央五宫，坤艮戊己土也。应于阳宅内之八卦者，如震巽二卦，若坤艮土命人犯之来路灶口，而有疟痢泻痔等症，以木克脾土也。又如离属火，克乾命人之肺金，生咳嗽及痨噎之疾。是以腹具五藏，应乎五行，而宅之方向卦爻，亦从此推之。又坎水克离火，命之心经，是以有心痛痰火之症。坤艮二土卦，克坎水命之肾经，而生浮肿等症。又宅门犯乾兑二金卦，克震巽二木命人，应伤肝损目，而自恼缢也。

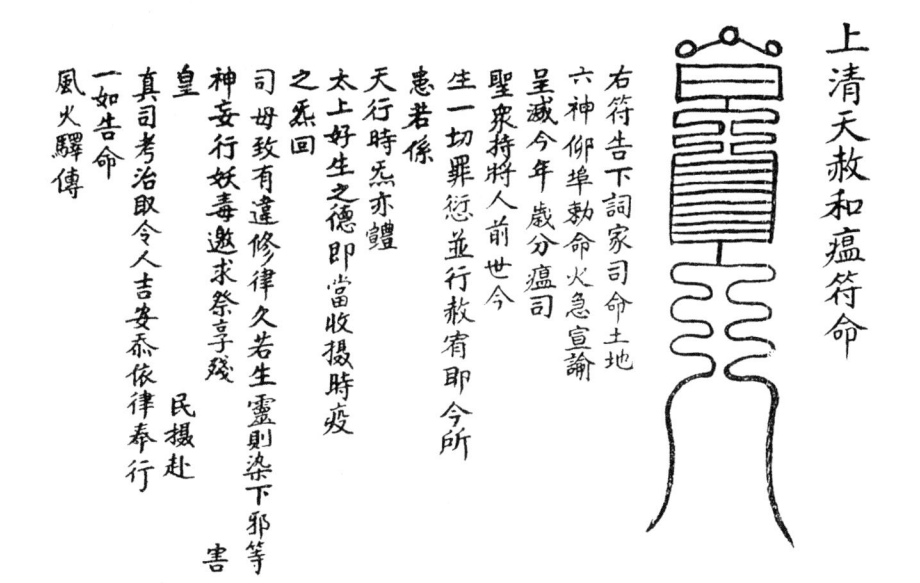

上清天赦和瘟符命

右符告下词家司命土地
六神仰准勅命火急宣谕
呈滅今年岁分瘟司
圣众持将人前世今
生一切罪愆並行赦宥即今所
患若係
天行时疫亦體
太上好生之德即当收摄时疫
之炁回
司母致有違修律久若生靈則染下邪等
神妄行妖毒邀求祭享殘
皇
真司考治取令人吉安恭依律奉行
一如告命
风火驛傳
　　　　民攝赴
　　　　　　害

增图48　疾病

灾祸论 凡积德行善者不准

灾祸是非，各随元命卦爻生克而推，细具于前。智者随机断之，无不响应。

右符告下
宫太岁神王　　右将军年
符命持与检会信　身命运眼之二十
罡三十二所把本宫凶星恶煞行灾
圣象各体　五帝好生之德除解下
民脾滞之灾自全禳解之后威星推
度於身躬吉朦媲临於命位保扶甲
善益年龄如告命风火驿传
年岁次　月　日告下
　　因　　　承诺奉行
祖师金鼎妙化执法申修真人
緫辖万神申天星主紫微北极大帝

增图 49　灾祸

求财论凡强求败德者不准

元命合灶口吉向，可以求财。合生气大富，期月得大财。如生气木星应在亥卯未年月，合天医巨门土星应在甲子辰年月，发财有千余金。合武曲延年金星，日日进财，中富。合伏位辅弼木星，小富，日有小财进益，应亥卯未年月。屡试屡验，术者秘之。

此是财神爷手托元宝地放聚宝盆住户供之

增图50　求财

修造论 _{凡大德大恶俱应迟}

凡屋有坐有向，而命有东有西。今人专论坐之东西，而不论命之东西者，误。必须从命配山，乃为全吉。乾山巽向屋，而大门香火房床店铺等，宜安乾坤艮兑西四方位，灶口宜向西四方，而西四方宜高大。若灶座坑厕碓磨等，安东四方，如此配合西坐山之吉者也，西四命人居之吉，东四命人居之凶。是乾坤艮兑命，宜居十二西坐山。坎离震巽命，宜居十二东坐山也。

或人问曰："弃命从山，修造何如？"师曰："宅可改而命不可改，则当从命为吉。"又问："屋基难更山向，求何解法？"师曰："如艮山坤向大厅屋，于东命宅主不利，可于左厢傍厅小屋居之吉。或添造左廊吉，而东命宅主大利。其木山厅屋，宜西命子孙居之，另添神堂厕磨吉。否则与弟侄合命者居之，或租与人居住，各行后门，或空间为客座，而自不安床，亦可。"

通天照水经遥鞭断宅歌

鬼入雷门伤长子。鬼者，廉贞火也。震为雷，应长男。此言乾方大门，正东震亥，起造高房，屋主有凶。此以大门方位为主，而论房高之方，如乾门使用《大游年歌》"乾六天五祸绝延生"，顺轮至五鬼，以乾金克震木，而伤长子也。如震方安床亦忌，盖乾是西宅之门，与正东四宅之门不合，故不论何命人居之皆凶。尝见乾命人灶口向震，亦伤长子。配震，妻有子难招。又造震方房，期月而长子死。又乾命女，男用震方来路，亦有此凶。乾命分房，亦不可犯，以及茔元之方皆同。余可类推。

歌断 此官门对论

　　鬼入雷门伤长子,

　　此言乾方大门,克震方房床,则为五鬼,而伤长子。此以宫克宫论也。

　　火见天门伤老翁。

　　此言离火大门,克乾方房床为绝命,亦宫克宫也。

　　离侵西兑翁伤女,

　　此正南大门,克酉辛房床,与火见天门篇同,而兑少女也。

　　巽入坤位母离翁。

　　此巽木门克坤土房床,与震坤老母寿难丰之局同。

　　兑妨震巽长见女,

　　此兑方大门,而震屋高损长男,巽屋高伤长女。

　　艮离阴妇搅家风。

　　此艮方大门,而离方屋高大,或安床于此。然禄存星阴象火生,主阴旺阳衰,故云"阴妇搅家风"是也。

　　艮火小口多疾病,

　　此艮方大门,而坎方屋高,犯五鬼廉贞火,而小口必多疾病。

　　坤坎中男命早终。

　　此坤方大门,而坎方房高,已不安稳,犯破军,坤土克坎水,应伤仲子。

诸星吉凶

元气：贪狼木星吉，发长子。
天医：巨门上星吉，发二房。
延年：武曲金星吉，发小房。
绝命：破军金星凶，败长男。
五鬼：廉贞火星凶，败长房。
祸害：禄存土星凶，败二房。
六煞：文昌水星凶，败小房。
生气在水木火为得位，不宜金土。
天医在火土金为得位，不宜木水。
延年在金土水为得位，不宜木火。

飞宫诀

中宫飞出乾，却与兑相连，艮离寻坎位，坤震巽居边，巽复入中宫。

阳宅九宫图

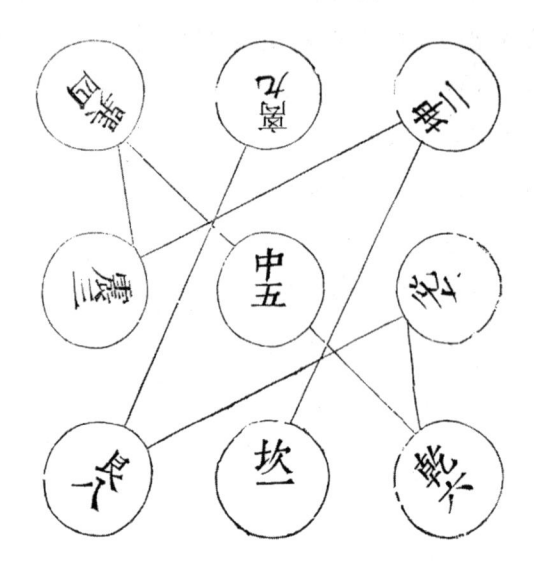

增图 51　阳宅九宫图

九宫所属

一白属坎水。　　二黑属坤土。　　三碧属震木。　　四绿属巽木。

五黄属中土。权总四方，威领八面。

六白属乾金。　　七赤属兑金。　　八白属艮土。　　九紫属离火。

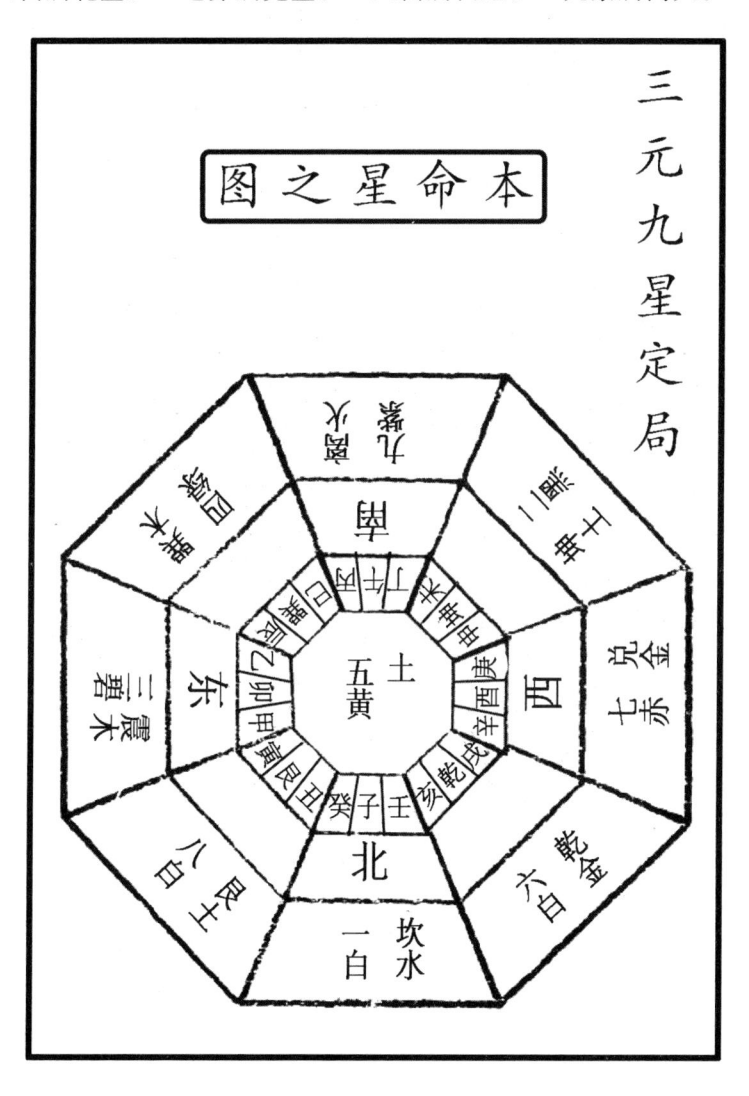

本命星之图

三元九星定局

八宅明镜

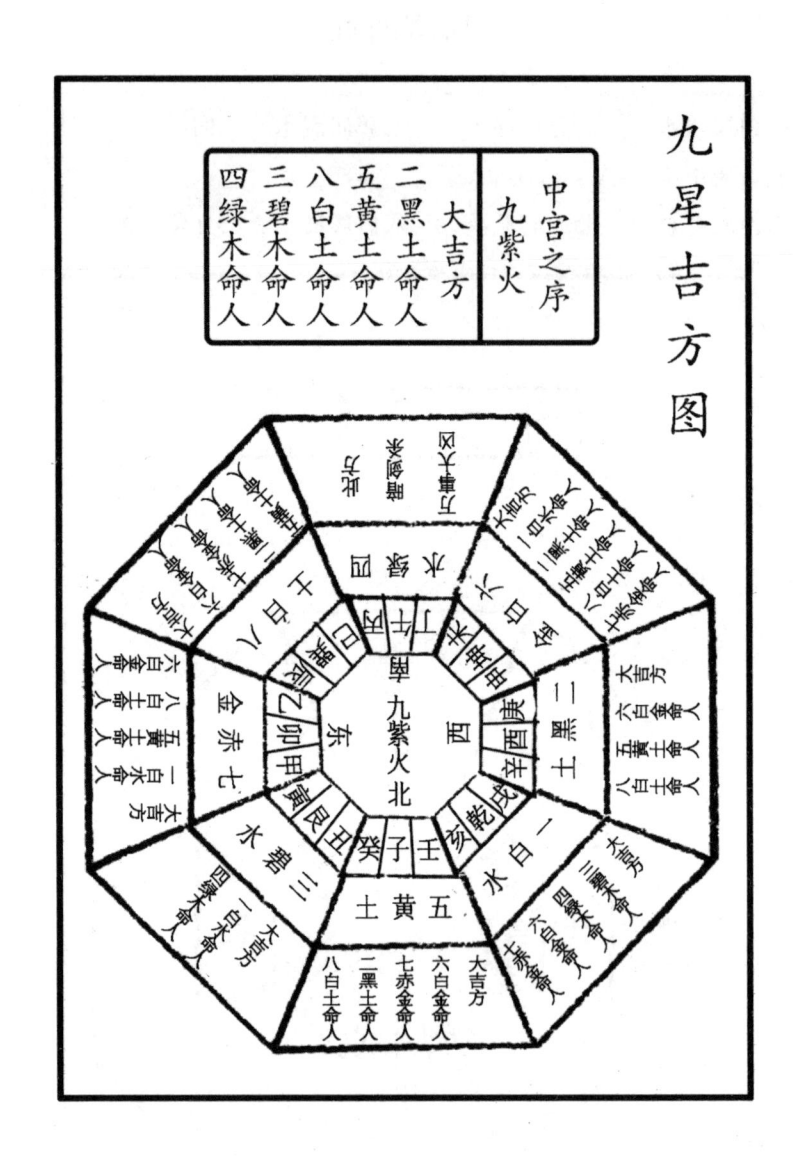

九星吉方图

中宫之序	
九紫火	大吉方
	二黑土命人
	五黄土命人
	八白土命人
	三碧木命人
	四绿木命人

九星吉方图

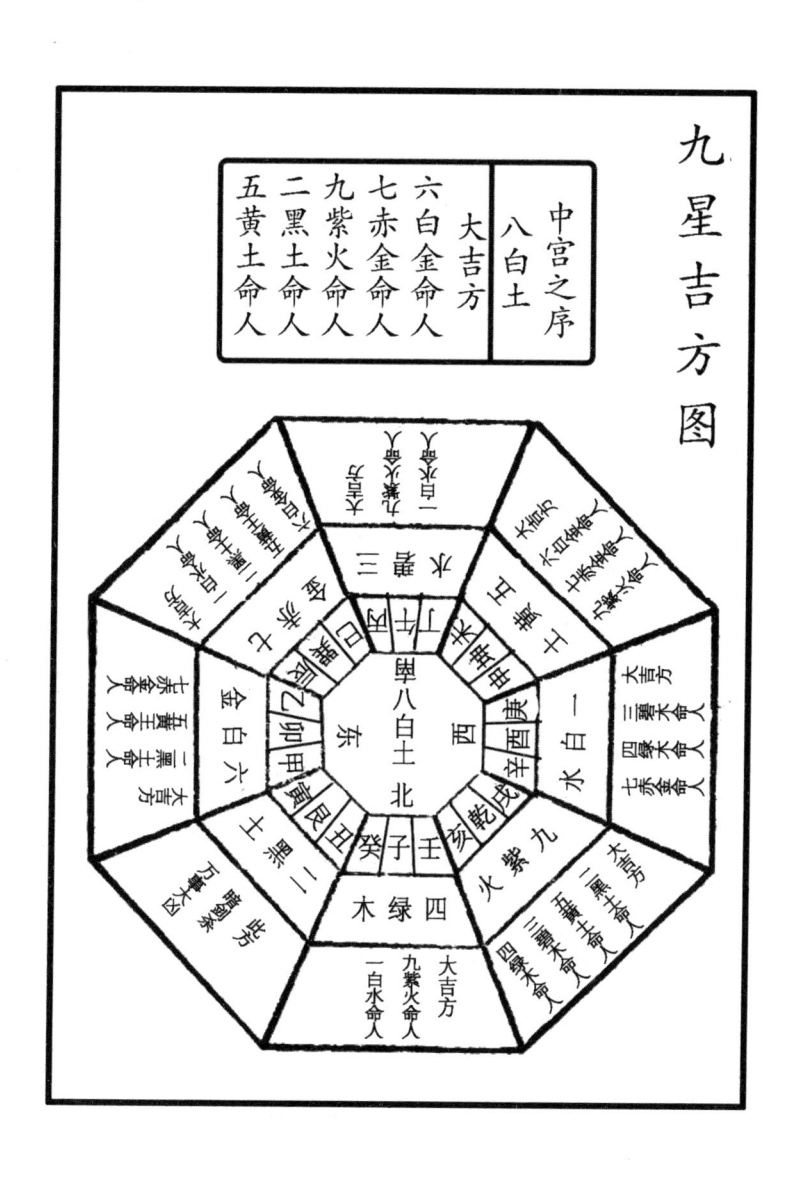

中宮之序	八白土
六白金命人	大吉方
七赤金命人	
九紫火命人	
二黑土命人	
五黄土命人	

九星吉方图

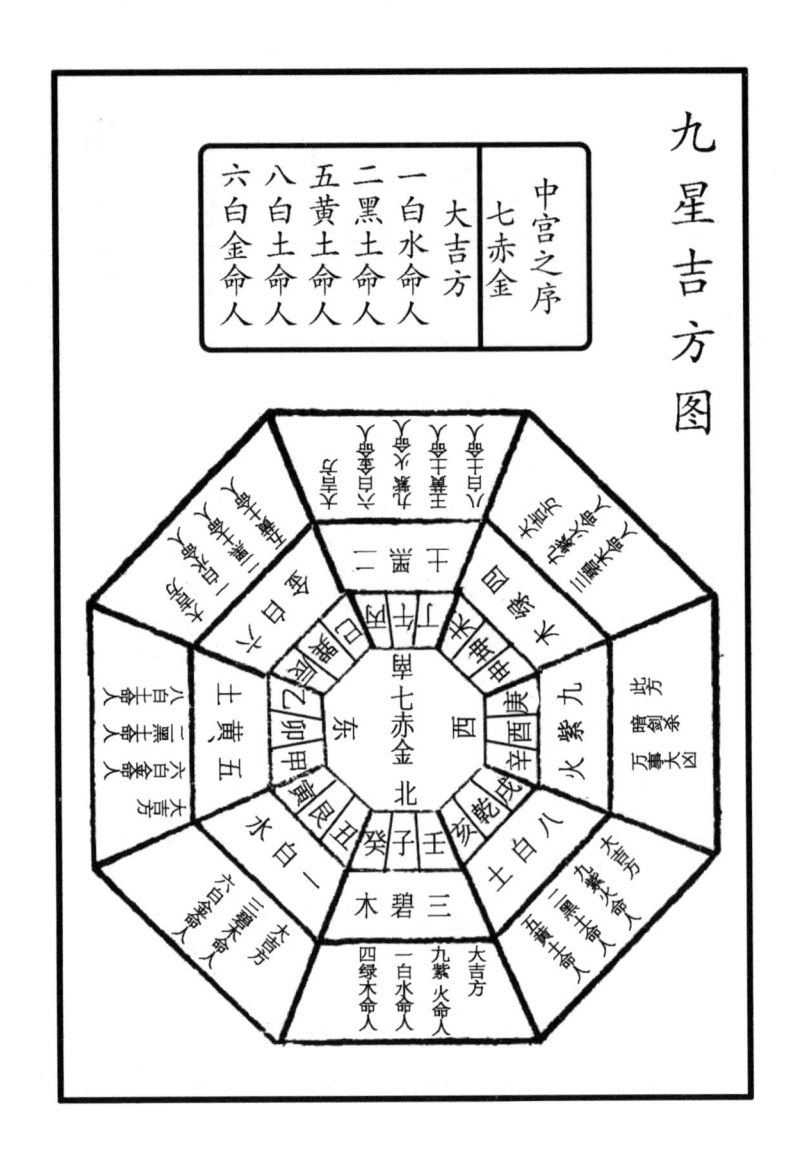

中宫之序	七赤金
大吉方	一白水命人 二黑土命人 五黄土命人 八白土命人 六白金命人

九星吉方图

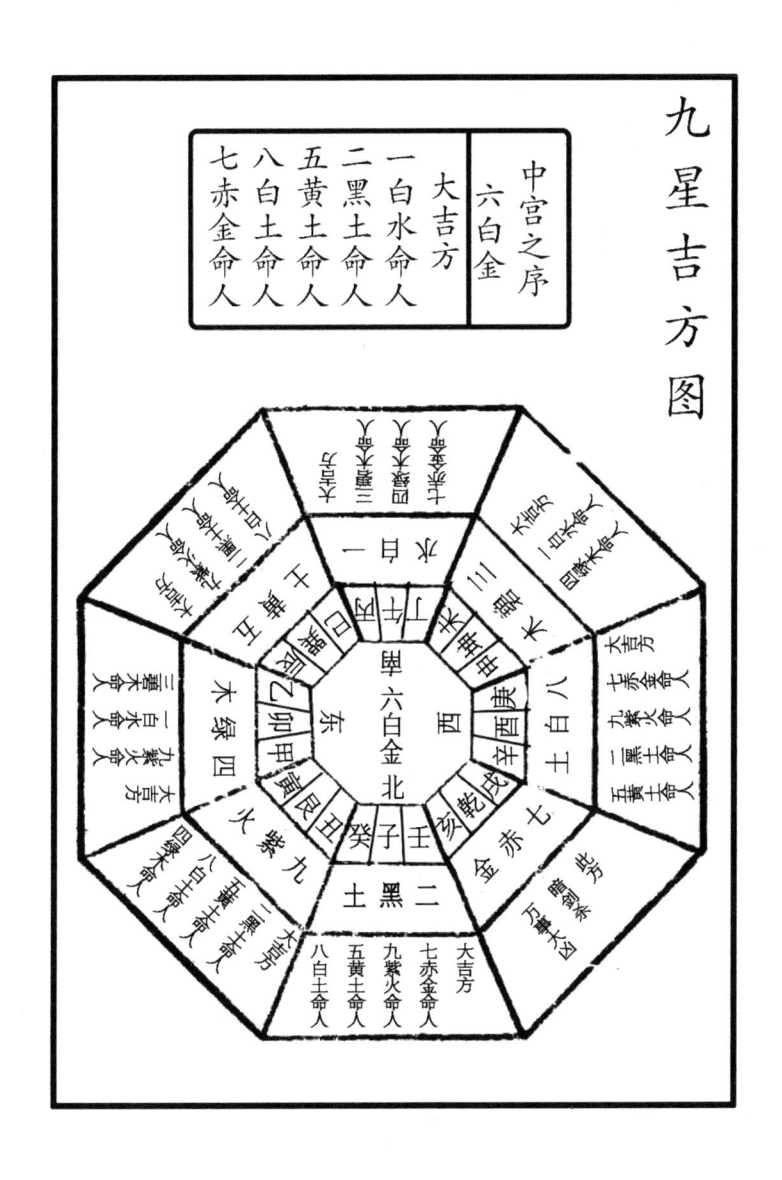

中宮之序 六白金
大吉方
一白水命人
二黑土命人
五黄土命人
八白土命人
七赤金命人

八宅明镜

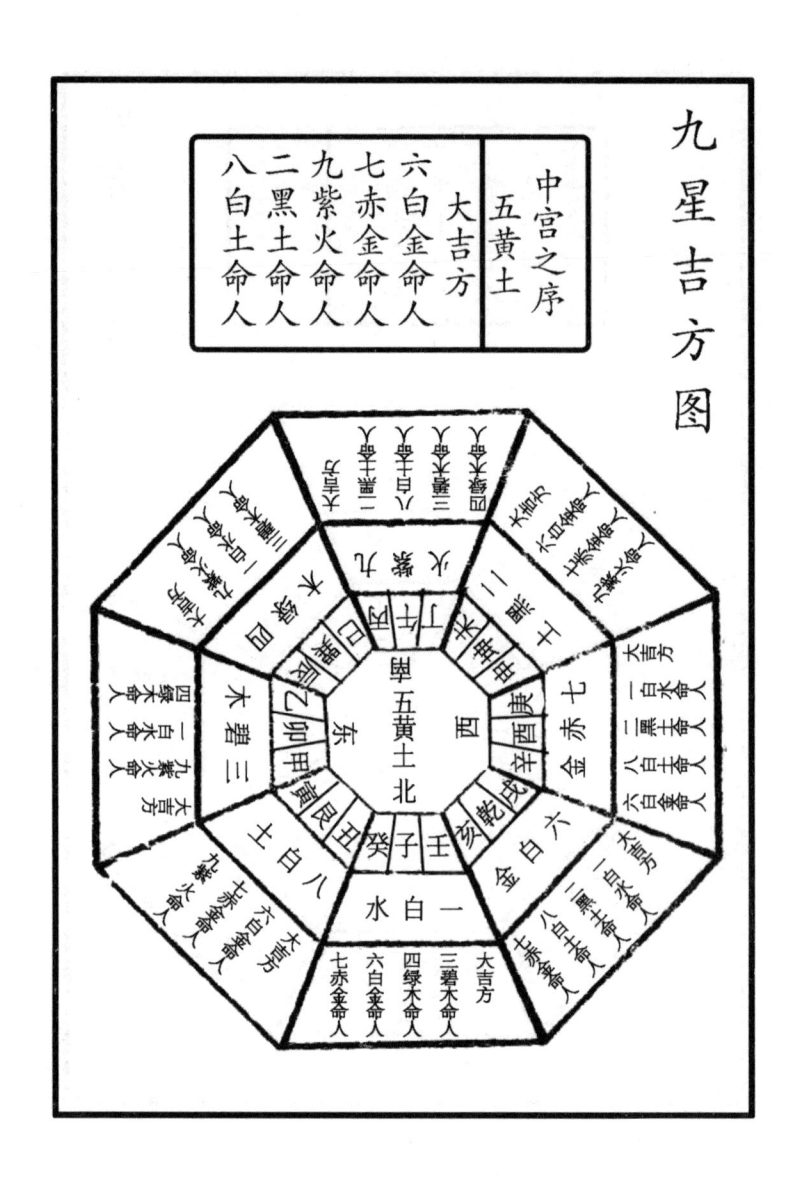

九星吉方图

中宫之序	
五黄土	大吉方
六白金命人	
七赤金命人	
九紫火命人	
二黑土命人	
八白土命人	

九星吉方图

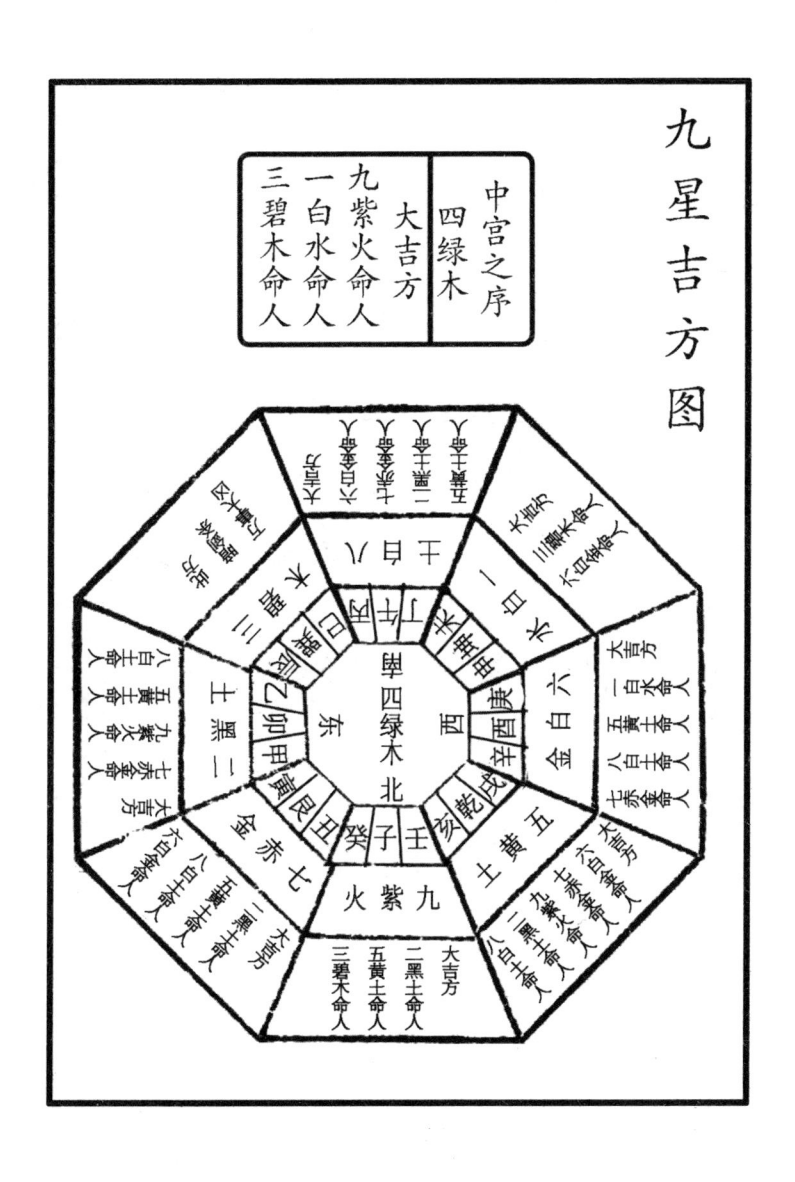

中宫之序	四绿木
大吉方	九紫火命人 一白水命人 三碧木命人

八宅明镜

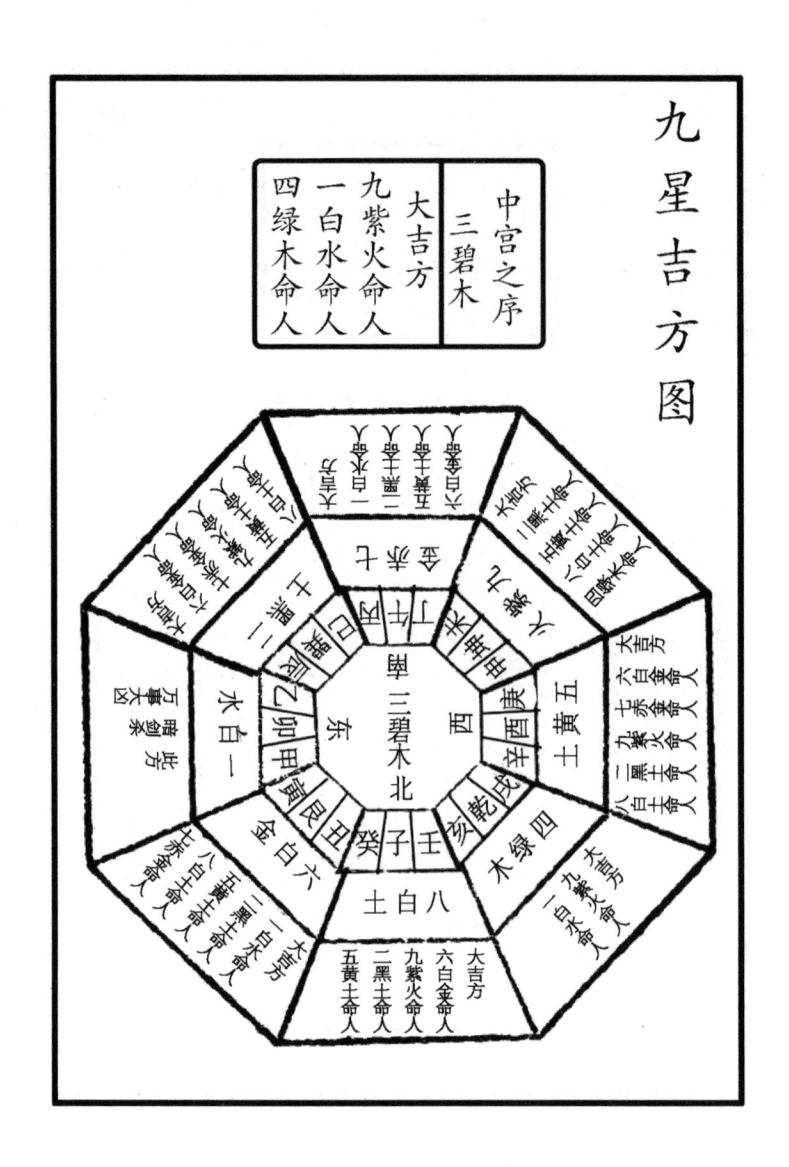

九星吉方图

中宫之序
三碧木

大吉方
九紫火命人
一白水命人
四绿木命人

九星吉方图

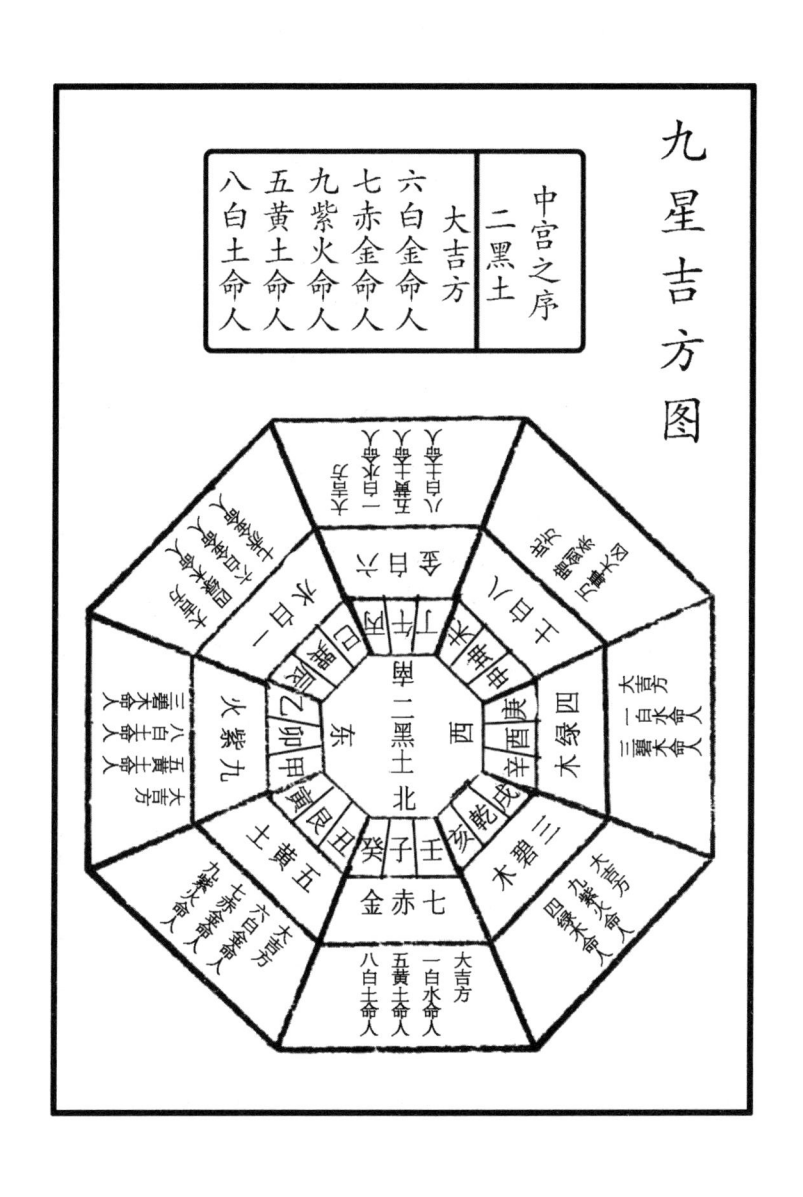

中宫之序	大吉方
二黑土	六白金命人 七赤金命人 九紫火命人 五黄土命人 八白土命人

九星吉方图

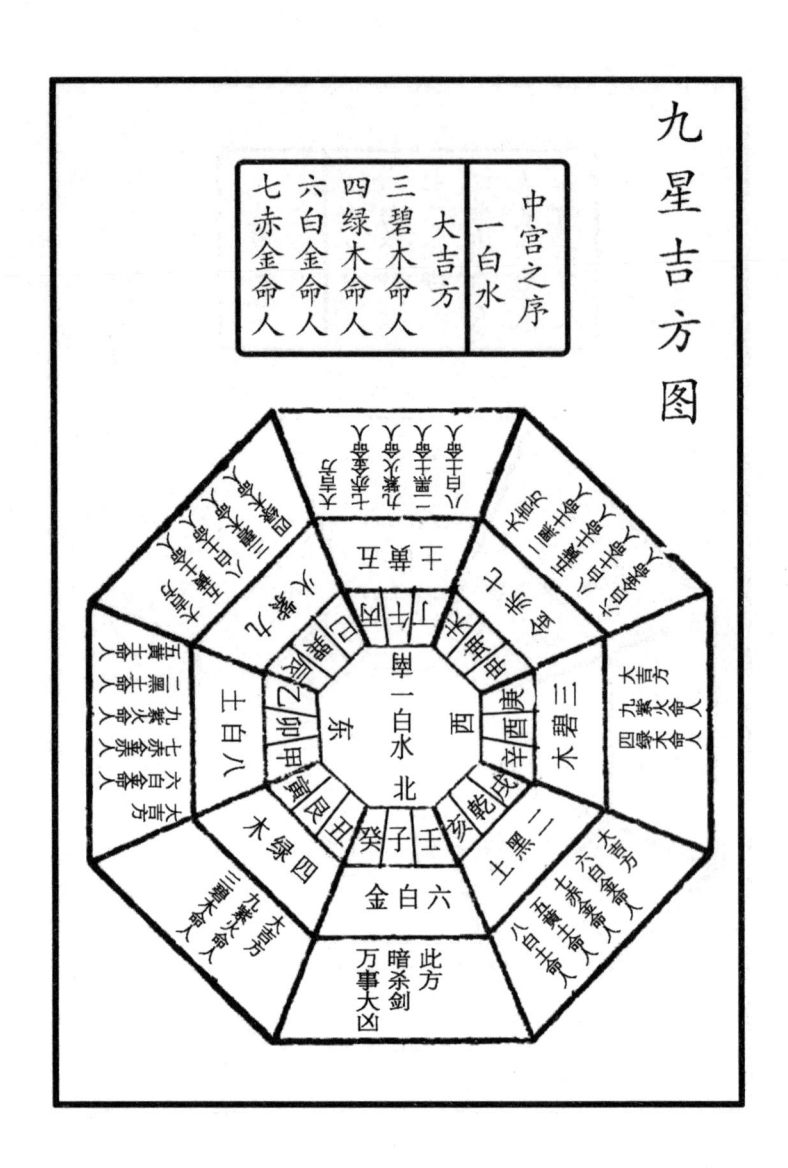

中宫之序	一白水
大吉方	三碧木命人
	四绿木命人
	六白金命人
	七赤金命人

离宅

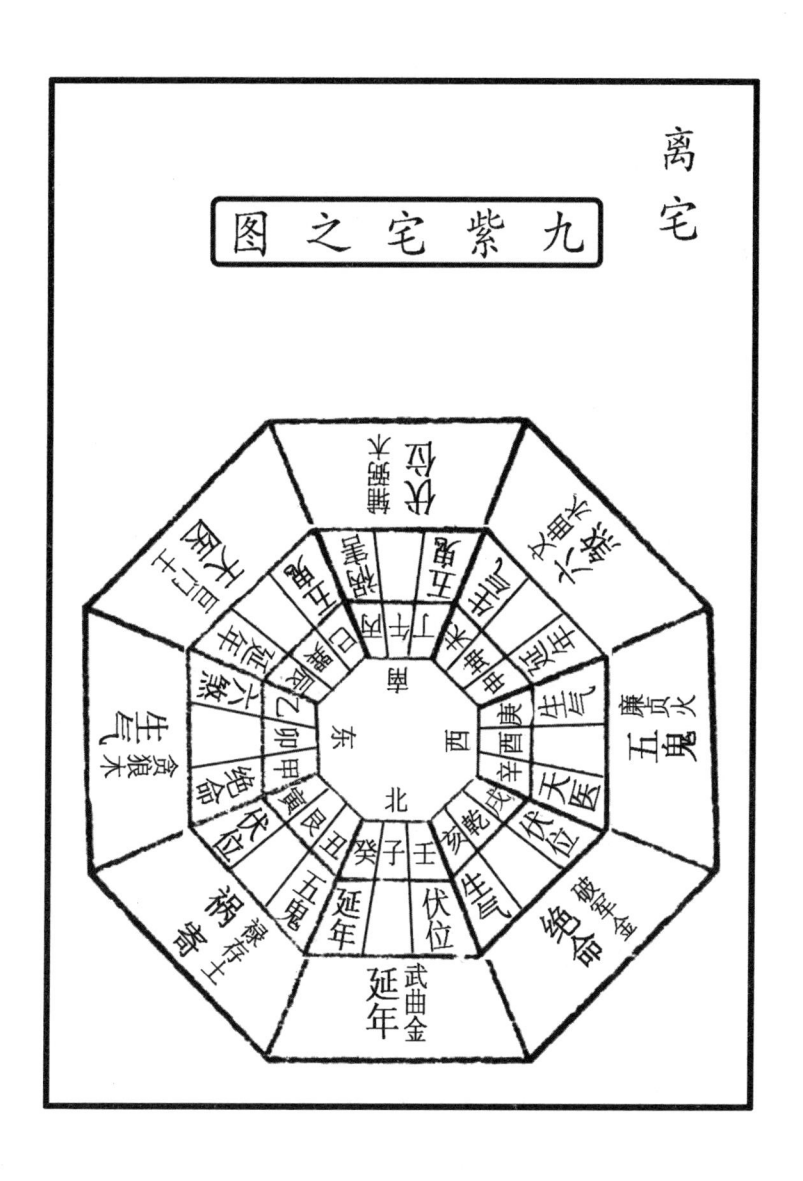

九紫宅之图

八白宅之图

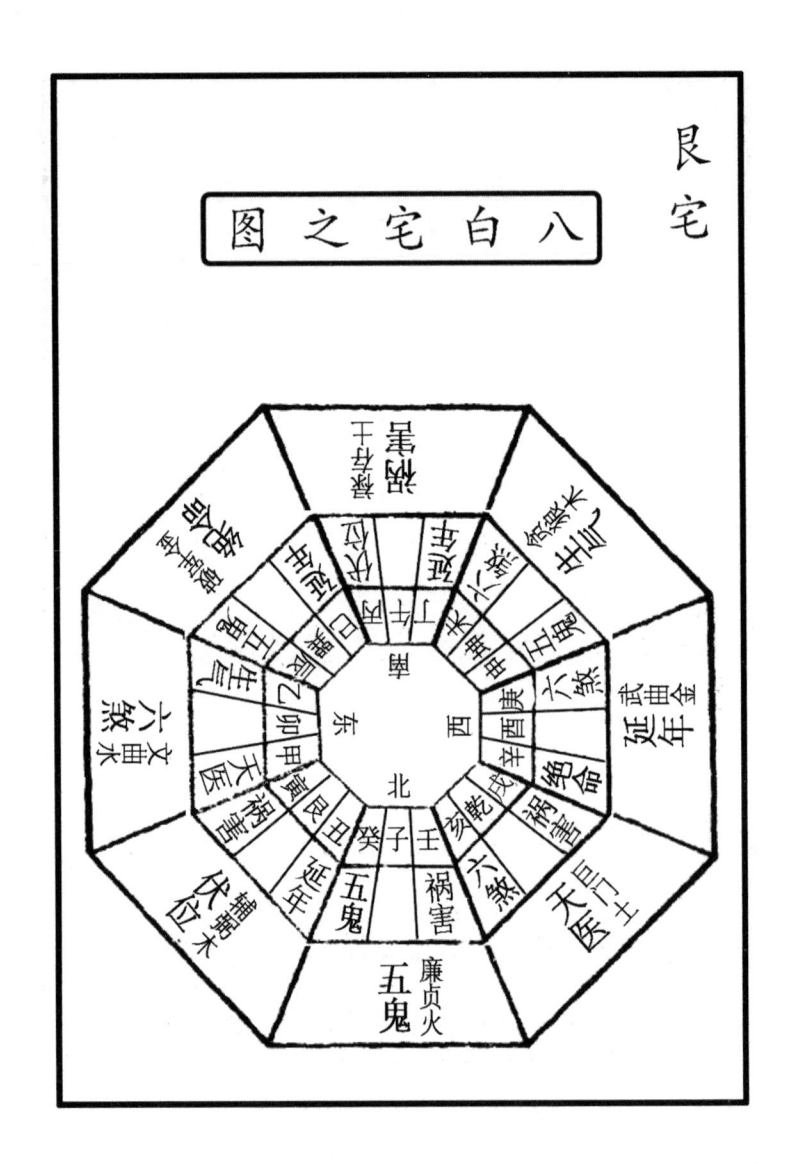

艮宅

兑宅

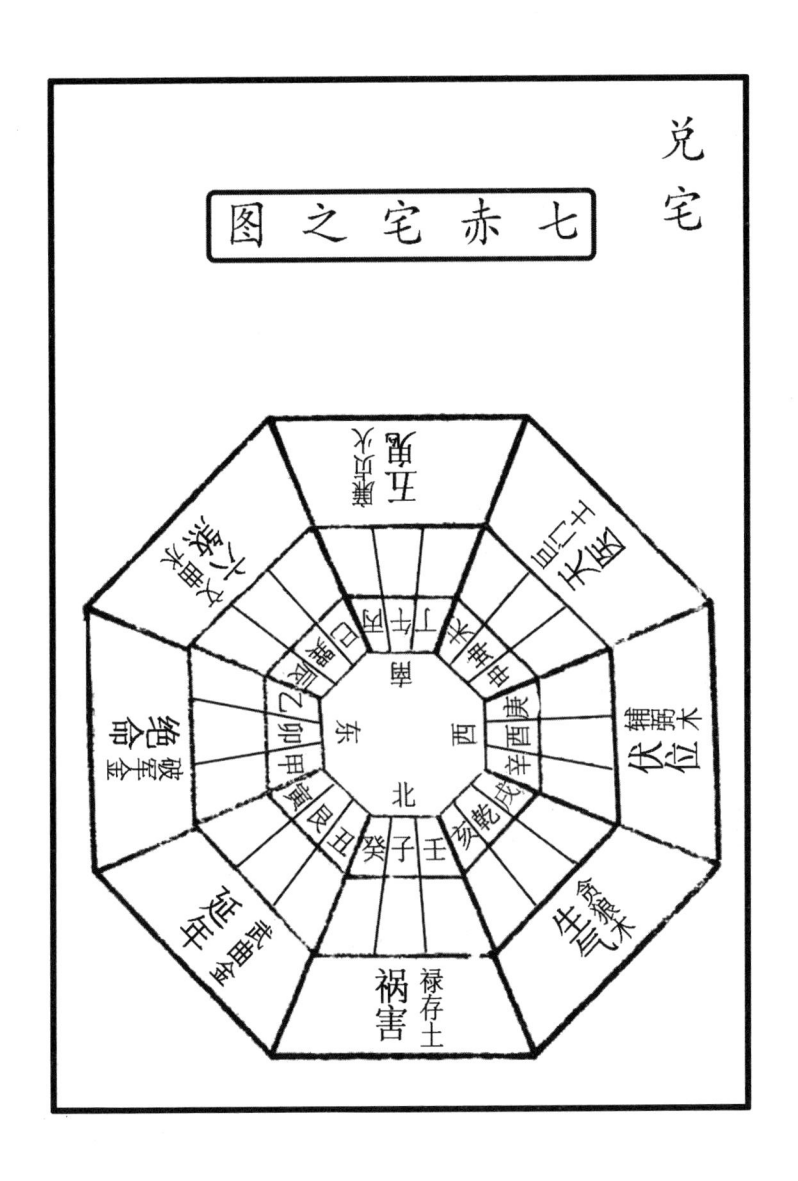

七赤宅之图

八宅明镜

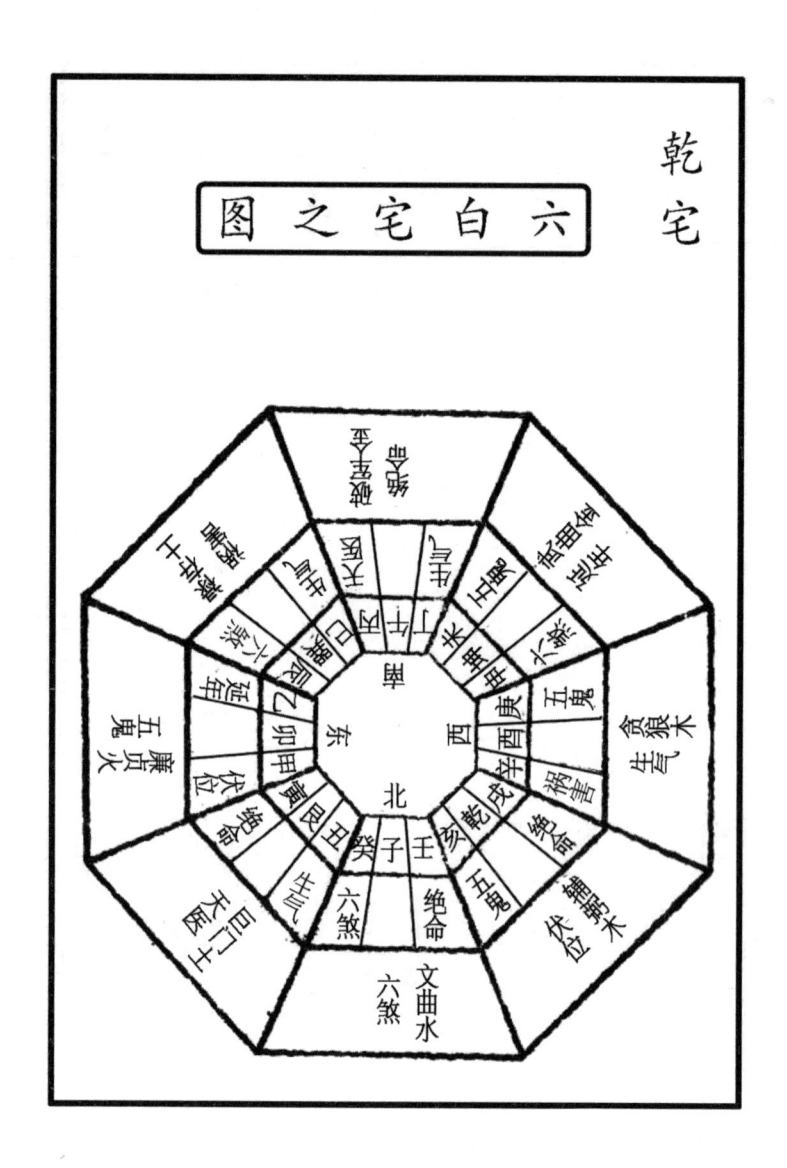

乾宅

六白宅之图

坤宅

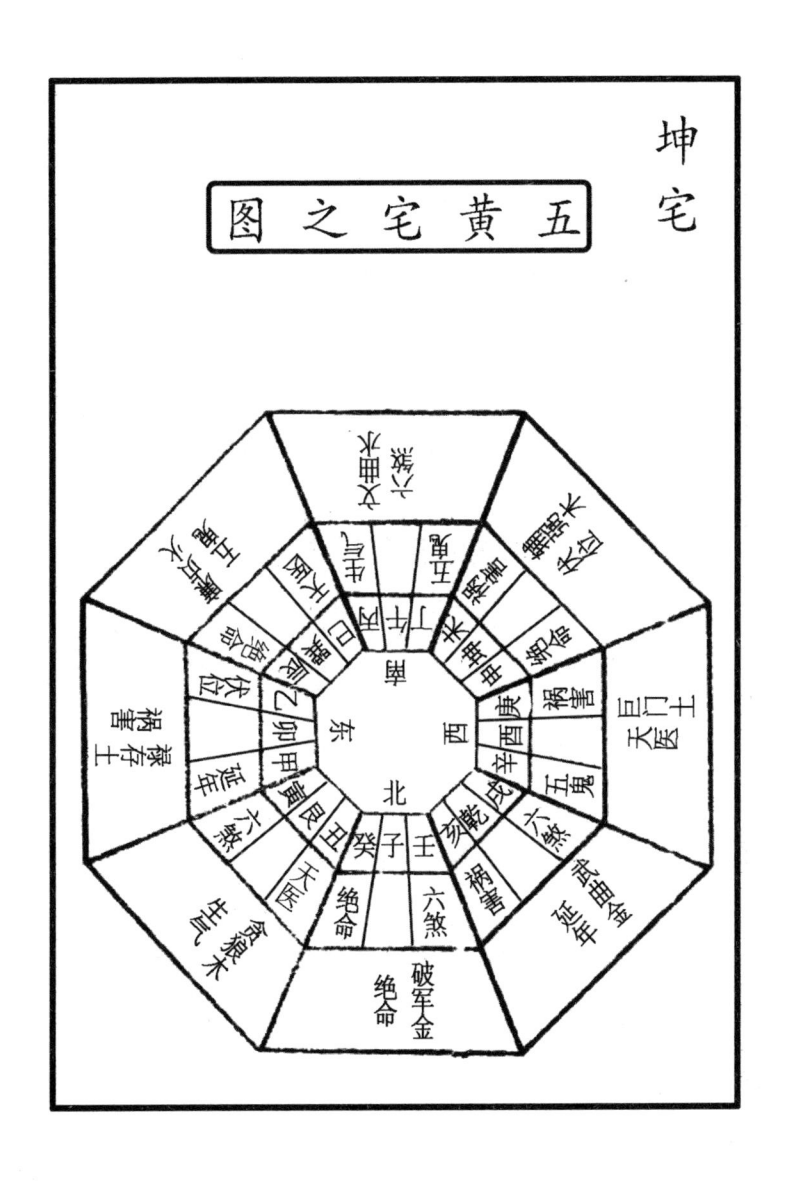

五黄宅之图

八宅明镜卷下

巽宅

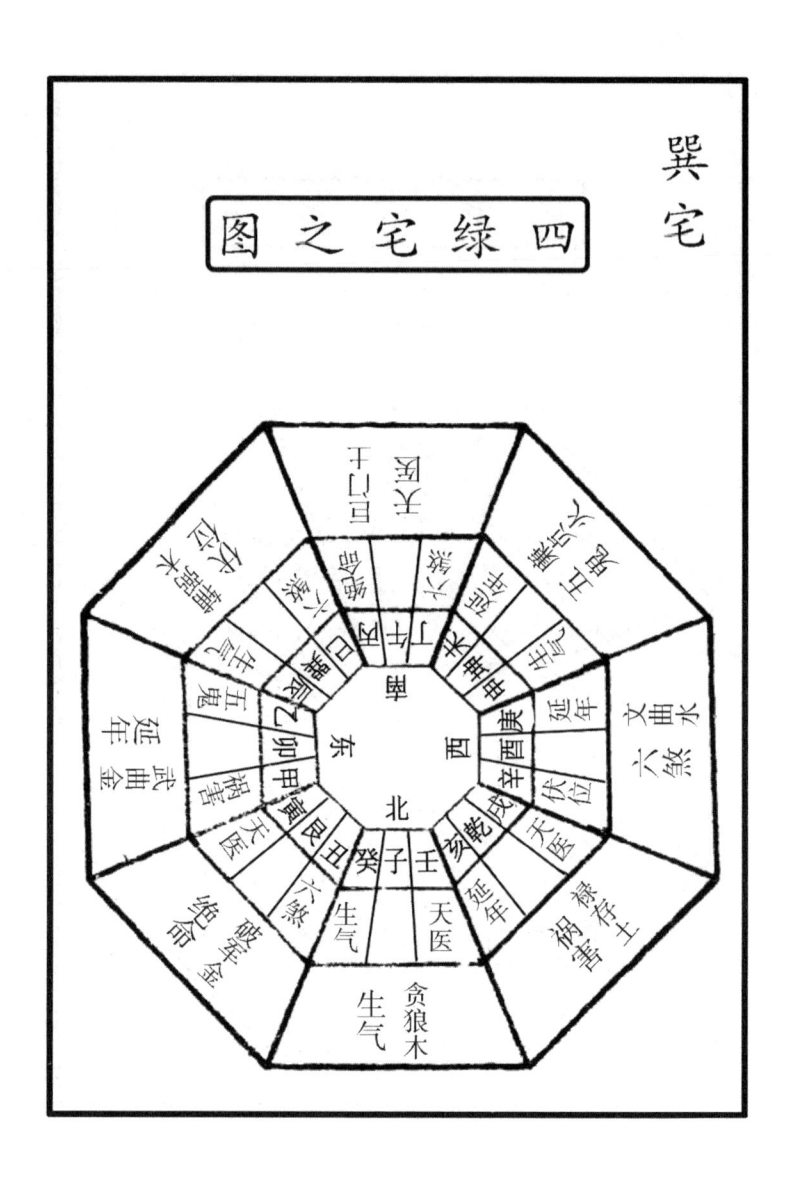

四绿宅之图

震宅

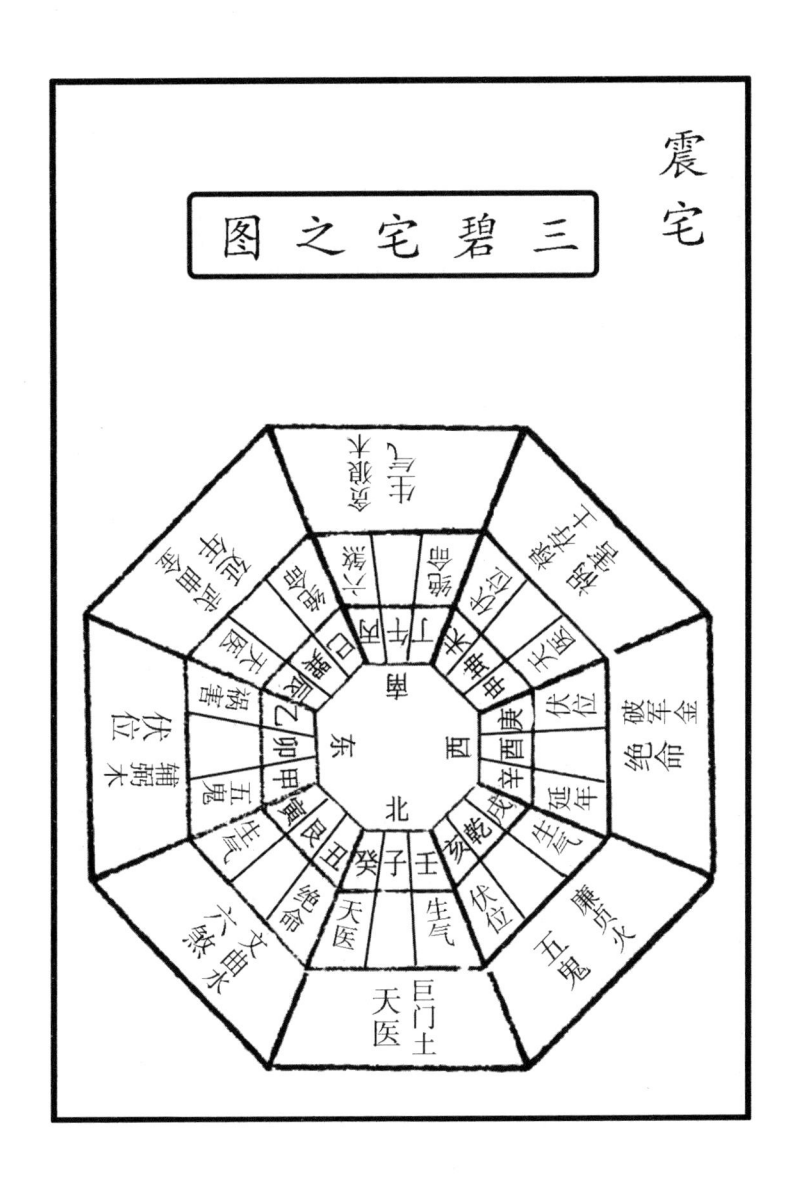

三碧宅之图

八宅明镜

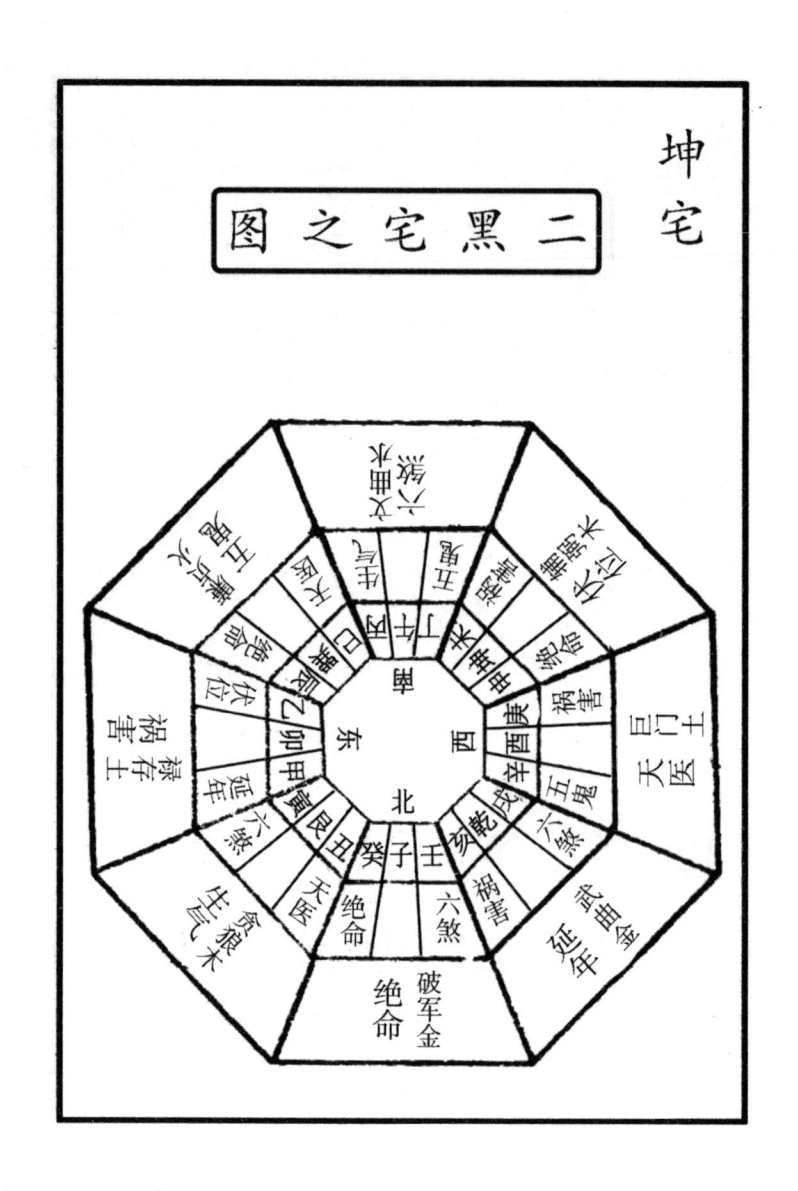

坤宅

二黑宅之图

坎宅

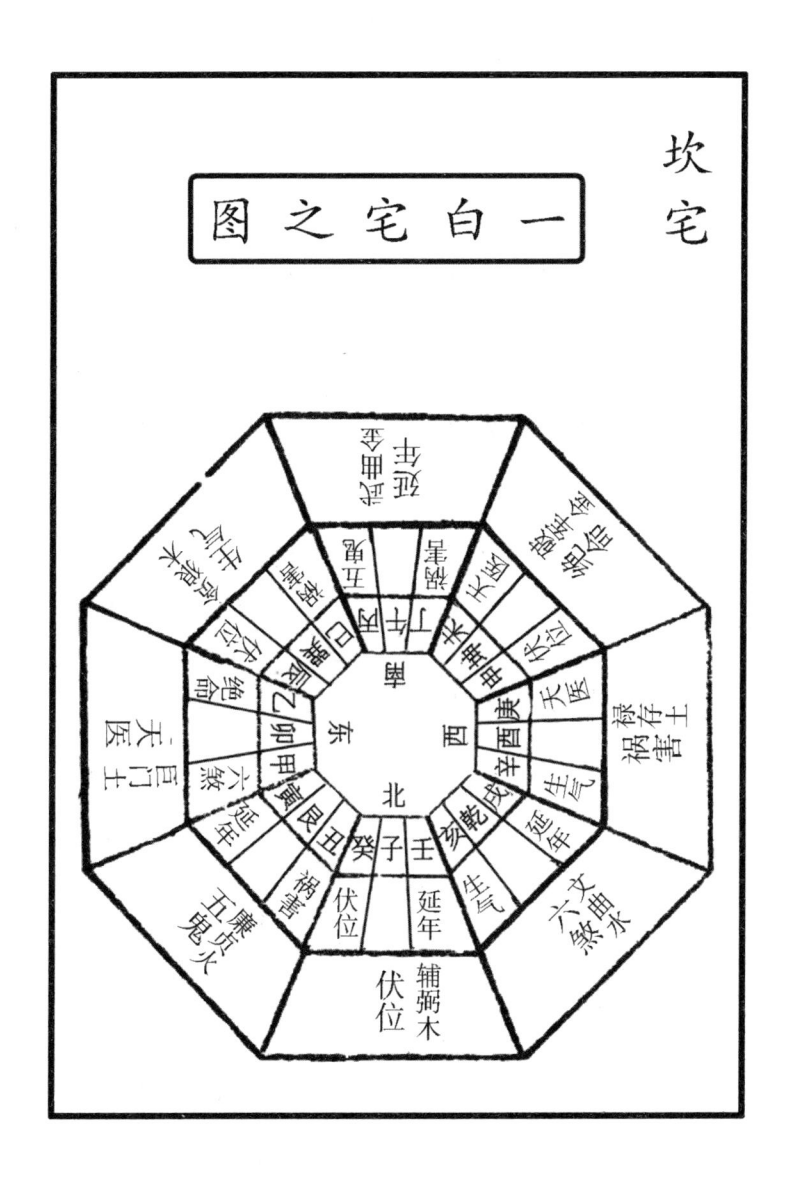

一白宅之图

玉辇经

乾亥戌山从巳起，坎癸壬地向申求。
兑庚辛位逢蛇走，坤未申山甲上寻。
离丙丁位是虎头，巽巳龙身猴为首。
丑艮寅山逢亥位，震卯乙位向猪游。
八卦长生起福德，无义之人不可求。

如乾亥戌三山，巳上起福德，丙瘟癀，午进财，丁长病，未诉讼，坤官爵，申官贵，庚自吊，酉旺庄，辛兴福，戌法场，乾颠狂，亥口舌，壬旺蚕，子进田，癸哭泣，丑孤寡，艮荣富，寅少亡，甲娼淫，卯亲姻，乙欢乐，辰败绝，巽旺财。

增图52　玉辇经二十四向吉凶

玉辇开门放水六畜等图局

凡开门放水，大小不同，乡俗不定。有以五音论者，有以八卦论者，有以生气吉星贪狼论者，有以山向风水八龙论者，有以来路爻象、年命吉星、属土八白九星论者，用法不同，合将通用俗图，开列于后。

假如坐西北，向东南，戌乾亥三山向，开门放水，六畜、碓、磨、砺、厕，备具式例，以博观览。

增图 53 开门放水

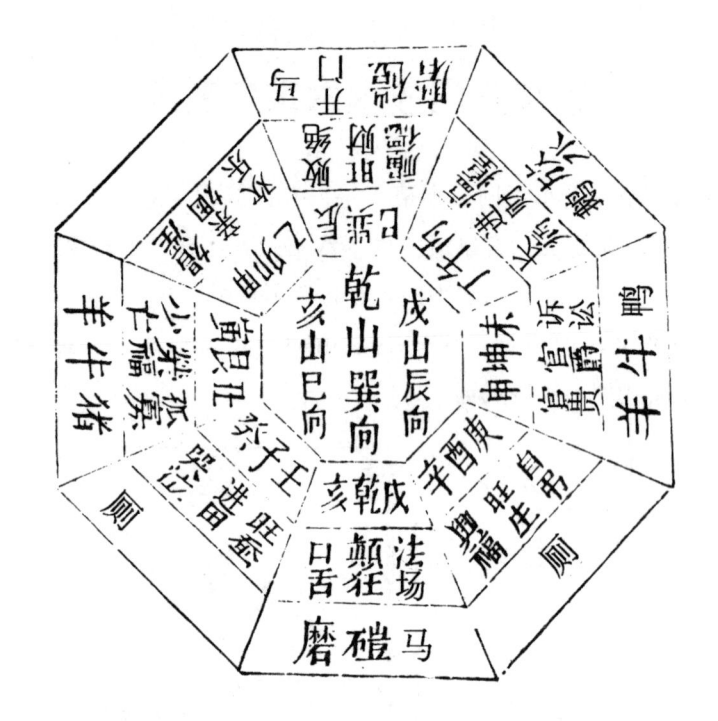

戌山辰，子癸及坤申。此水贪狼同武曲，二宫扦穴自然兴。东南去，合图经，堆金积玉满门厅。左右两宫无反复，出人长寿更奇英，富贵旺人丁。

乾山向，巽巳水来长。庚酉旺方皆吉利，大江朝入不寻常。流丁甲，出公郎，破伤辛兑守空房。辰巽若从当面去，人家长子切须防，抱养不风光。

亥山脑，贪狼巽巳好。申庚辛戌自南来，积玉堆金进横财。丁水去，衣锦回，马羊走入女怀胎。但破庚辛兼辰巽，三年两度哭哀哀，家业化成灰。

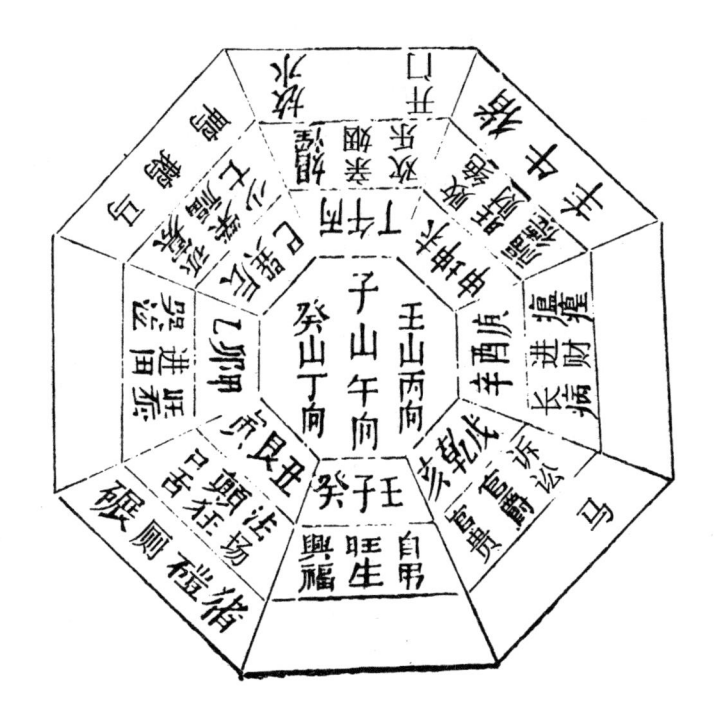

壬山奇，寅申贪狼是。巳卯朝山还更好，流归辰巽正相宜。家富足，出贤儿，巳丙长子受孤棲。若遇朝来为上吉，破流寅甲受跷蹊，妻子两分离。

子山地，庚未及坤申。四位朝来多富贵，酉辛戌前妇人淫。龙走去，定遭刑，破流生旺不须寻。文曲朝来瘟火动，如流丙巽出公卿，来去要分明。

癸丁山，穴向未申裁。更得申宫朝拱入，须防辰巽返流回。丙宫去，永无灾，酉辛水射定为乖。朝入风声并落水，三年二载哭声哀，破军损货财。

八宅明镜

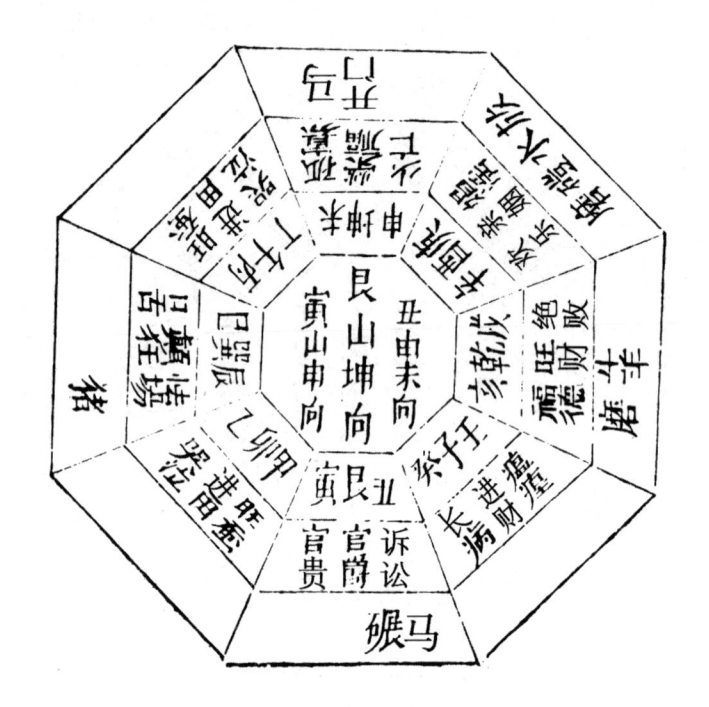

  丑山高，未坤水滔滔。万派潮来坐丁水，亥壬拱入穴坚牢，酉辛定，紫茜袍，丙巽水去出英豪。龙马运行家退败，出入疾患主疯痨，忤逆动枪刀。

  艮山峰，龙虎兔来雄。乾位犬猪从左入，须寻卯酉觅仙踪。庚丁去，出三公，丙辛水去宜无凶。只怕羊倌并马位，这般来水似相冲，即便主贫穷。

  寅山长，申庚水过堂。亥壬子癸横来吉，流归辛戌正相当。蛇马鸡，最无良，宜去不宜描箭射，潮来人口败其家，夫走子去难得回，媳妇守空房。

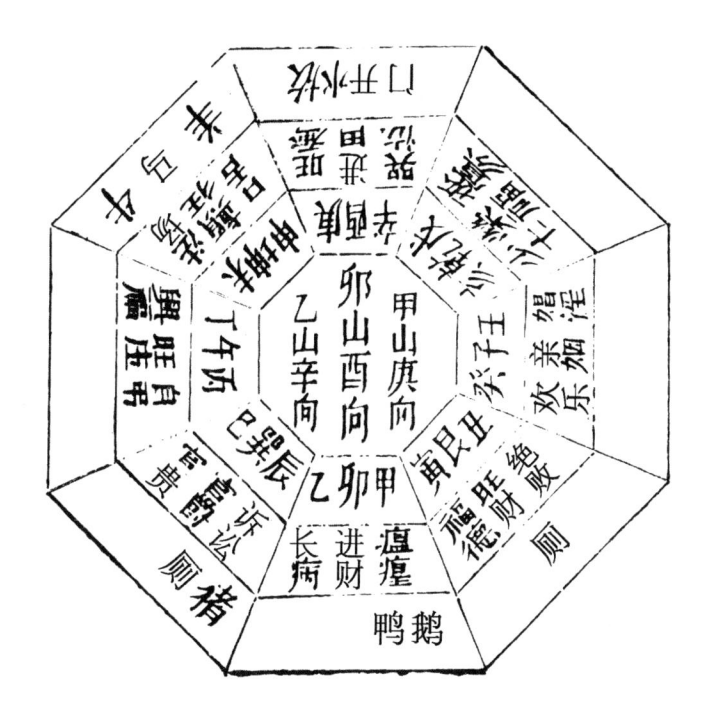

甲山庚，壬子及坤申。二水名为贪武位，但来朝入进昌荣。家宅好，永安宁，酉辛水去旺人丁。返过明堂人少死，安坟立宅主孤贫，灾祸起频频。

卯山强，金鸡最无良。乾宫猪犬皆为吉，折归庚兑不寻常。未坤水，实难当，穴前流水主瘟癀。不见人家并寺院，年年少死动官方，家产落空房。

乙山辛，蛇马左边迎。牛虎右边朝进揖，两宫还合更加荣。合此局，流乾壬，家赀赛过孟尝君。猴鼠两边君莫下，犬防来去定遭刑，室女被人凌。

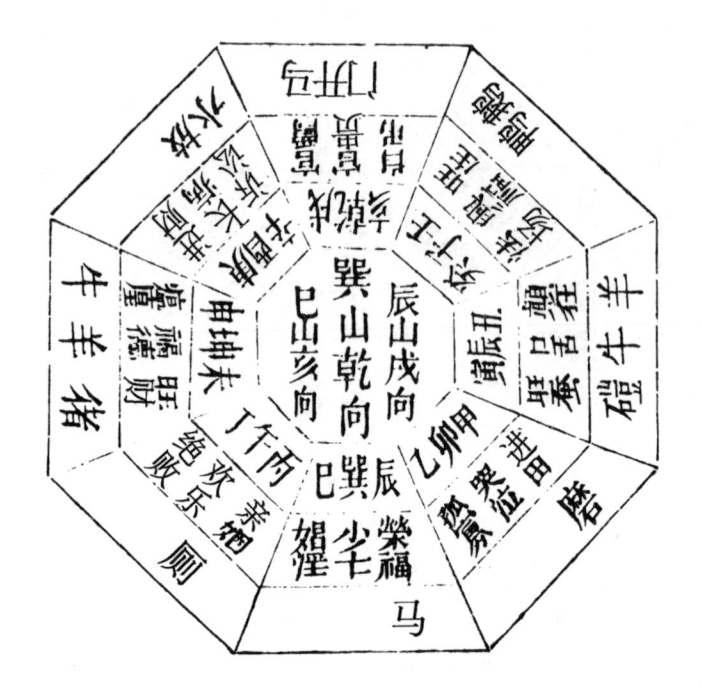

辰山奇，鸡犬不相宜。但喜甲庚壬子癸，朝坟朝穴最为奇。酉辛去，著朱衣，庚辰流破水头妻。但要龙真并穴正，千门万户足光辉，请君细细享。

巽山乾，申坎要朝坟。此水入来为第一，酉辛壬申定遭瘟。猴鼠去，定难存，人丁大折绝家门。昔日颜回因此地，至今世代永传名，术老细推寻。

巳山亥，乾壬戌水来。虎兔引龙东林入，世家富贵永无灾。庚癸去，旺田财，不宜午子逆行回。未坤申宫皆不利，频频流去养尸骸，水蚁侵棺材。

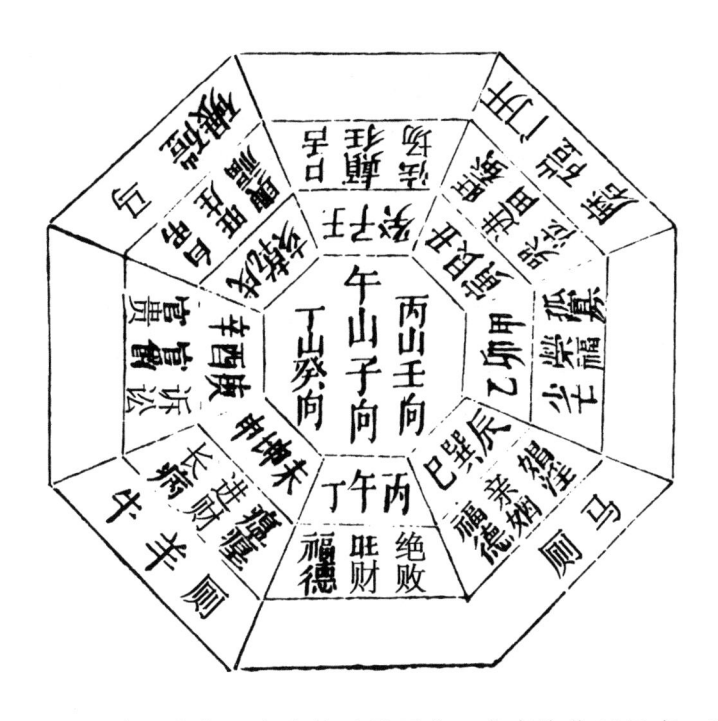

丙山壬，牛虎过北行。去水从壬及西北，房房位位旺田庄。巳丙抱，永吉昌，彭祖百寿永长享。三五十年无破败，若退流戌定遭殃，刑克配他乡。

午山子，沙水要相扶。丑艮寅申响潺潺，流归乾壬世豪富。未回头，鼠赶虎，投军做贼败宗祖。请君认向巽宫迁，儿孙拜相为宰辅，田地遍乡土。

丁山头，庚酉要横流。但爱龙真并穴正，水流甲乙足堪求。龙猴蛇，朝入旺，田地丰饶百万坵。巽巳水潮旺田牛，丙宫富贵真堪羡，赛过小扬州。

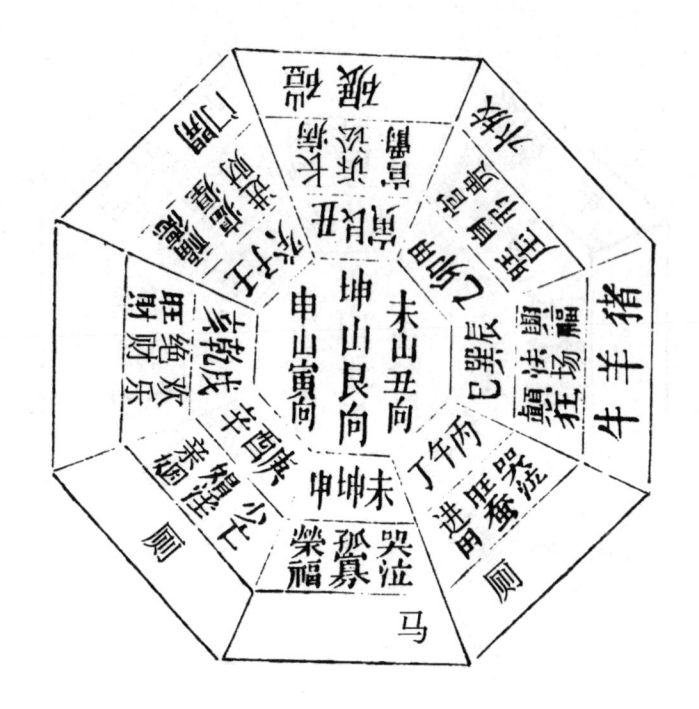

未山龙，卯乙怕相逢。子水朝来君可下，坤申后入一般同。辰巽水，最为凶，最忌回头侵入坎，宜流甲乙主财丰，一生福禄永无穷，富胜石崇公。

坤山裁，亥壬子癸来。流归乙卯去无灾，安坟立宅足钱财。龙摆去，虎回头，万贯家产化成灰，不幸连年凶祸起，未闻欢乐只闻哀，室女定怀胎。

申山头，猪赶鼠牛走。三宫朝入子封侯，儿孙富贵在他州。申丙去，永无忧，扳金鞍，侍冕疏，不论三方并两户，家家起屋架高楼，财旺主乡州。

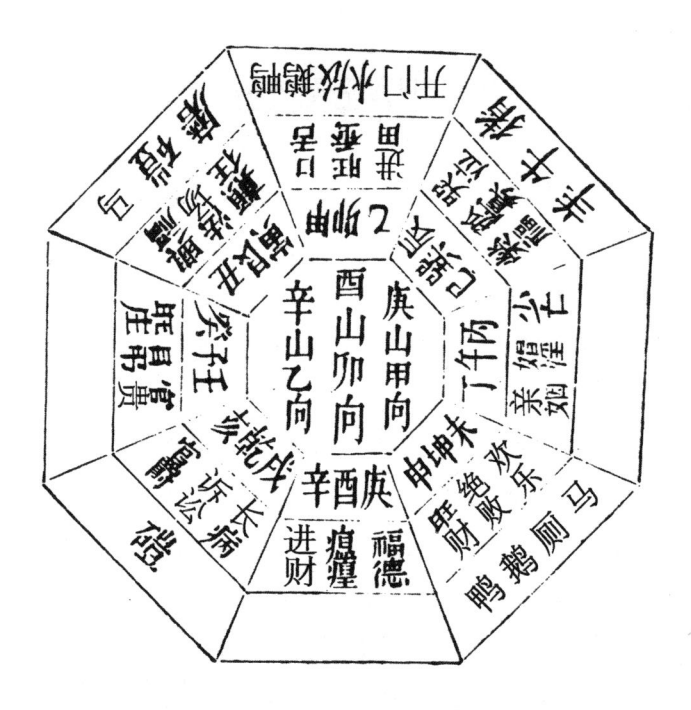

庚山长，壬亥朝大旺。但得三湾并五曲，一湾抱处得荣昌。龙安静，虎伏藏，阁中出女淑贤良。最怕死兔并死虎，若还逆转退田庄，岁岁防瘟癀。

酉山金，龙蛇大朝迎。四季流来添进宝，逆流艮土出公卿。庚辛岁，好安坟，房房世代坐专城。四个禄存流尽处，儿孙骑马入朝门，个个尽超群。

辛山真，水宜来坤申。左右两边横入穴，宜流丙申忌流辰。亥子水，要朝迎，生旺二方朝穴庭。庚龙赶马兔逆行，坤申流破定遭瘟，少死绝房人。

门楼玉辇经

　　福德安门大吉昌,年年进宝得田庄。
　　主进甲音金银器,又生贵子不寻常。
　此位安门,大吉之兆,主进牛马六畜,蚕谷旺相。又进东方甲音人契书,金银铜铁横财,应三年内进人口,生贵子,加官升职,进产业,平安大吉。
　　瘟癀之位莫安门,三年五载染时瘟。
　　更有外人来自缢,女人生产命难存。
　此位安门,招时气麻痘痢疾,大小口生暴病落水,蛇虫水火雷伤之厄,女人产厄,非横遭刑,外人自缢,官事退财,破耗不利。
　　进财之位是财星,在此安门百事宜。
　　六畜田蚕人口旺,加官进爵有声名。
　此位安门进财谷,添人口,西方田宅契书,加官进宝,牛马田庄,乡人寄物,吉兆。
　　长病之位疾病重,此位安门立见凶。
　　家长户丁目疾患,少年暴卒狱牢中。
　此位安门,家长手足不仁,[①]眼昏心痛,人口疾厄,少年儿孙暴卒,口舌官非败财,家财勾连,外人侵扰,人口不安。
　　词讼之方大不祥,安门招祸惹非殃。
　　田园财物阴人利,时遭口舌恼人肠。
　此位安门,争斗产业,非灾横祸,破败六畜,田蚕不利,小人邪害,耗散不安。
　　安门官爵最高强,仕人高擢入帝乡。
　　庶人田地钱财旺,千般吉庆总相当。

---

① 手足不仁,证名。手足不知痛痒,不觉寒热的症象。

此位安门，加官进爵，增添人口，良善发达，庶人田蚕六畜加倍，人财大旺。

官贵位上好安门，定主名轰位爵尊。

田地资财人口旺，金银财物不须论。

此位安门，生贵子，仕路高迁，进田宅契书六畜横财币帛田蚕，发福。

自吊位上不相当，安门立见有灾殃。

刀兵癀火遭横事，离乡自缢女人伤。

此位安门损人，自缢落水，官事破耗，男离乡，女产厄，六畜资财不利。

旺庄安门最吉利，进财进宝及田庄。

北方水音人进契，大获蚕丝利胜常。

此位安门，进田地乡人产业，招北方妇人田地契书，六畜横财，进人口，发本命人。

兴福安门寿命长，年年四季少灾殃。

仕人进职加官禄，庶人发福进田庄。

此位安门，福寿绵长，人口平安，男清女洁，仕人升擢，庶人发福，六畜大旺，出人忠孝。

法场位上大凶殃，若安此位受刑伤。

非灾牢狱披枷锁，流徙发配出他乡。

此位安门，主遭不明人命官司，流徙他乡，妇人勾连不利。

颠狂之位不可夸，生离死别及颠邪。

田地退消人口败，水火瘟癀绝灭家。

此位安门，主人风邪淫乱，女人产厄，男酒女色，少年暴卒，父南子北，人口不安，财物耗散。

口舌安门最不祥，常招无辜横灾殃。

夫妇相煎日逐有，无端兄弟斗争强。

此位安门，口舌不离，官事常有，忤逆不孝，媳妇詈姑，六畜无收，凡事不利。

　　　　　　旺蚕位上好修方，此位安来家道昌。

　　　　　　六畜蚕丝皆大利，坐收米谷满仓箱。

　此位安门，大旺田产，财帛胜常，增添子孙，勤俭好善，火命人起家，蚕丝培旺。

　　　　　　进田位上福绵绵，常招财宝子孙贤。

　　　　　　更主外人来寄物，金银财帛富田园。

　此位安门，招田产契书，出人亲贤乐善，本命寄物发达，六畜加倍。

　　　　　　哭泣之位不可开，年年灾祸到家来。

　　　　　　枉死少亡男巽女，悲啼流泪日盈腮。

　此位安门，常有哭声，瘟疫疼痛，痘痫麻疹，男女少亡，阴人多病，破耗钱财，六畜不利。

　　　　　　孤寡之方灾大凶，修之寡妇坐堂中。

　　　　　　六畜田蚕俱损败，更兼人散走西东。

　此位安门，寡妇无倚，走出他乡，破家耗散，六畜不利。

　　　　　　荣福位上最堪修，安门端的旺人稠。

　　　　　　发积家庭无灾祸，富贵荣华事业收。

　此位安门，荣迁加转，田蚕旺相，财帛倍收，六畜胜常，火命发旺。

　　　　　　少亡之位不堪谈，一年之内哭声哗。

　　　　　　好酒阴人自缢死，雷门伤子死天涯。

　此位安门，损小口，招妻枉死，投河自缢，阴人多病，酒色破家。

　　　　　　娼淫之位不堪修，修之淫乱事无休。

　　　　　　室女怀胎随人走，一家大小不知羞。

　此位安门，男女酒色，娼淫无耻，败坏家风。妇人奸乱，室女怀胎，六畜不收。

　　　　　　亲姻位上好修方，修之亲戚众贤良。

　　　　　　当时往来多嘉庆，金银财宝满箱仓。

　此位安门，招财，进人口，六畜大旺，火命发达。

欢乐门修更进财，常有征音人送来。

田蚕六畜皆兴旺，发福声名响似雷。

此位安门，招南方绝户，银钱币帛，六畜兴旺，阴人送帛，木命人发达。

绝败之方不可修，修之零落不堪愁。

人丁损灭无踪迹，父子东西各自投。

此位安门，破败家财，遇瘟暴卒，自缢落水，风火水厄不利。

旺财门上要君知，富贵升迁任发挥。

显达人丁家业胜，一生丰厚寿眉齐。

此位安门，进商音人财物，且又永寿，火命人发达。

乾门开门

乾山巽　亥山巳　戌山辰

此宅利未申酉年月，入墓于丑，征应在宅者，本宅于兑方尽属吉星，艮有微疵，不若酉为第一。若坎则六杀，震则五鬼，巽则祸害，而离则绝命之破军，皆不利也。

乾宅为正巽向，不宜正开，而论宜开右一间巳门，合《玉簪经》曰"福德门"，又合西四宅，宜开白虎门，最为上吉。且乾金生巳，大门开巳，二傍门开兑，门在庚位，又不犯巽向杀曜为第一。或大门在坤，以老阴老阳配合，又合延年武曲金星比和星助本宫，更合天地定位之局。又《衍文》一书不定坤门者，以三碧在坤，其吊之气，又有微疵也。至吊紫白，乾系六白金星，吊得七赤星到本宫，是为坐旺；八白土在兑，是为生气，上上吉也。若开艮门，是为天医巨门之土星，土生乾金，星生乎宫，亦上吉之宅也。以三者较之，坤巳宜开大门，兑开二门，艮开便门，三吉备矣。

坎宅开门

子山午　壬山丙　癸山丁

此宅利申子年月，入墓于辰，征应于申子。本宅坐宫全美，在傍可开小门，开后门在壬位癸位，不离本宫位，不可侵亥丑位去。查坎宅配巽为生气，震为天医，离为延年，可开四路。然即此三方吊白，亦有不尽吉处。若乾则六煞，坤则绝命，艮五鬼而兑祸害，尤不吉也。至吊紫白，坎系一白水星，吊得六白金到本宫，是坐生气；二黑到乾，八白到震，俱有杀气。然震为天医巨门，可开便门，以助正门之吉。如地形可开大门，又合东四宅，宜开东方门吉。三碧在兑，为禄存；四绿在艮，为廉贞五鬼，俱为退气。七赤到坤，是为生气；九紫到巽，亦为死气。巽以贪狼而吊死气，亦安小门，而助正门之吉。查书称巽门方木入坎宫，凤池身贵，且见坎宅开巽门而吉者，亦多也。坤以破军而吊生气，故癸山丁向，有开坤申门者，因在坎水，即生方而有生星照，兼能迎合右之来水也。此不过存之，以待左手不能开者。五黄在离，属武曲延年，《地理衍文》谓"不利"者，其直冲也。愚以《原正》合参，除衙门喜门正门外，凡百姓之家，丁向之房，不必开午，以禄破二门直开，大门在丙位，乃纯吉也。子山午向，亦是二门直开，大门在丙位，为尤吉也，俱喜在赦文位也。若壬山丙向，多是左水到右方，合水法。大门开巽收巽，是火之临官位，皆有贪狼星到，最为吉利，不得泥《原正》一书而为巽门不可开也。其丙向二门，仍对开为吉。大小门不应在巳位开，而走破丙向之禄也。次知丁午向，而大门开丙为第一；丙向大门，开巽为第一。若丙向止是一门而进，竟以正对为吉。若午向开东乙卯天门路，亦吉。若丁向丙门之外，在坤方开迎木之门，亦吉。同一坎宅，用之则有分别，是在人因地形方便而定之也。

艮宅门路

艮山坤　丑山未　寅山申

此宅利申酉戌年月，入墓在辰，征应在小房。配乾金为天医，坤为生气，兑为延年，俱可开门。至坎为五鬼，离为祸害，震为六杀，巽为绝命，皆不相配也。至吊紫白，艮为八白土星，吊得二黑土到本宫，亦为坐旺。九紫到乾，是为生气。当以乾为第一门，一白在兑，虽气有未纯，实可开门穿井。三碧离，四绿坎，俱为杀气，而坎尤凶。五黄在坤，离系贪狼，而贪属木，又与艮土略嫌，以坤开二门，乾为大门第一；庚酉辛方开大门，为第二也。

震宅门路

酉山卯　甲山庚　乙山辛

此宅利亥寅卯年月，入墓于未，征应于长房。本宅坐宫为伏位吉，配巽为延年，离为生气，坎为天医，俱可开门作灶。若乾则五鬼，坤则祸害，艮则六杀，兑则绝命，俱不吉。至吊紫白，震系三碧本星，吊得一白星到本宫，是坐生气。二黑在巽，八白到坎，七赤到离，虽气有未纯，皆可开门。四绿到乾，实为旺气，是可井可灶方。若五黄在兑，大不利。按八宅俱无可开后门之处，虽中宫伏位挨左右柱，可开后路便门，亦按此开之吉。震宅巽宅，俱不宜直开门路，以金克木也。二门在庚，开合纳甲亦可。

巽宅门路

巽山乾　巳山亥　辰山戌

　　此宅利亥子丑寅卯年月，入墓于未，征应在长女。配震为延年，坎为生气，离为天医，俱为吉配。开东方甲卯乙门，坎方壬子癸门，俱吉，不宜直开门。若乾则祸害，坤则五鬼，艮则绝命，兑则六杀，皆非吉。至吊紫白，巽为四绿木星，吊得三碧木到本宫，是为坐旺。二黑土在震，虽气有未纯，亦合财宫，故震为延年之方，可以开门。五黄在乾，一白为不利；六白到兑，亦为杀气；七赤在艮，与兑相合同；八白在离，虽死气之方，而无凶杀；九紫在坎，可以开井。

离宅门路

午山子　丁山癸　丙山壬

此宅利寅卯巳午年月，入墓于戌，征应在中女。本宫伏位吉，配巽为天医，震为生气，坎为延年，俱正配。其中坎有冲克之病，若乾则绝，合坤则六杀，兑则五鬼，艮则祸害，非吉配。至吊紫白离以九紫火星，吊得四绿木星到本宫，是坐生方。三碧在艮，亦是生气；七赤在震，虽气有未纯，实是生方。六白在坤，二黑在兑，六事皆吉。八白在巽，井灶咸利，便门皆可开。大门惟甲木乙方为吉，若用二门，亦不宜正开，偏左壬位，转震而出，则善矣。若子向不宜开子，在癸上开门亦吉。总在向上换一字不正对，以壬癸两位，互换开门亦可。

坤宅门路

坤山艮　甲山寅　未山丑

此宅利申酉戌亥子年月，入墓于辰，征应在宅母。配乾为延年，艮为生气，兑为天医，俱的配。若坎则绝命，离则六杀，震则祸害，巽则五鬼。至吊紫白，坤系二黑土星，吊八白的土到本宫，亦为助旺，别宫皆未纯。依《原正》一书，丑艮寅可开正门路，乾兑以便门助之。吊紫白，论开门三吉方，纯吉者少，不必拘泥。惟知西四宅，乾坤艮兑，宜开白虎门路，吉。东四宅震巽坎离，宜开青龙门路，吉。在三吉方向，来水案向好，堂局好，正宅之向，可向则向；不可向，另在吉方，名自正向，更为有益，不可从出水立向也。

兑宅门路

酉山卯　庚山甲　辛山乙

此宅利巳未申酉年月，入墓于丑，征应在少女。配乾为生气，坤为天医，俱成吉配。而乾为重重生炁，尤佳。若坎则祸害，震则绝命；巽虽六杀，离虽五鬼，不相比和者，而吉存焉。至吊紫白，兑系七赤金星，吊得九紫火星在宫，坐不全美，后门不宜照中宫左右开，有乾坤二方可开在也。一白在艮，虽为退气，而延年助金；四绿在坤，我克为财，不嫌死气；五黄在震，木不克金；八白在乾，生生不息，利益无穷矣。以数较兑宅为乾门，为纯一不杂之方位也。《原正》一书，开艮门不用历验。兑泽开艮门者，未见其不吉也。甲卯乙向，对开亦吉。如两重门第，二门直开。外大门若乙卯向，开在甲位；甲向，开在艮位，亦可。

上元康熙二十三年甲子起上元

男女	甲子	坎艮	乙丑	离乾	丙寅	艮兑	丁卯	兑艮	戊辰	乾离	己巳	坤坎	庚午	巽坤	辛未	震震	壬申	坤巽	癸酉	坎艮
男女	甲戌	离乾	乙亥	艮兑	丙子	兑艮	丁丑	乾离	戊寅	坤坎	己卯	巽坤	庚辰	震震	辛巳	坤巽	壬午	坎艮	癸未	离乾
男女	甲申	艮兑	乙酉	兑艮	丙戌	乾离	丁亥	坤坎	戊子	巽坤	己丑	震辰	庚寅	坤巽	辛卯	坎艮	壬辰	离乾	癸巳	艮兑
男女	甲午	兑艮	乙未	乾离	丙申	坤坎	丁酉	巽坤	戊戌	震震	己亥	坤巽	庚子	坎艮	辛丑	离乾	壬寅	艮兑	癸卯	兑艮
男女	甲辰	乾离	乙巳	坤坎	丙午	巽坤	丁未	震震	戊申	坤巽	己酉	坎艮	庚戌	离乾	辛亥	艮兑	壬子	兑艮	癸丑	乾离
男女	甲寅	坤坎	乙卯	巽坤	丙辰	震震	丁巳	坤巽	戊午	坎艮	己未	离乾	庚申	艮兑	辛酉	兑艮	壬戌	乾离	癸亥	坤坎

中元乾隆九年甲子起中元

男女	甲子 巽坤	乙丑 震震	丙寅 坤巽	丁卯 坎艮	戊辰 离乾	己巳 艮兑	庚午 兑离	辛未 乾坎	壬申 坤坎	癸酉 坤	巽坤
男女	甲戌 震震	乙亥 坤巽	丙子 坎艮	丁丑 离乾	戊寅 艮兑	己卯 兑离	庚辰 乾坎	辛巳 坤坎	壬午 巽坤	癸未 震	震震
男女	甲申 坤巽	乙酉 坎艮	丙戌 乾离	丁亥 艮兑	戊子 兑离	己丑 乾坎	庚寅 坤坎	辛卯 巽坤	壬辰 震震	癸巳 坤	坤巽
男女	甲午 坎艮	乙未 离乾	丙申 艮兑	丁酉 兑离	戊戌 乾离	己亥 坤坎	庚子 巽坤	辛丑 震震	壬寅 坤巽	癸卯 巽	坎艮
男女	甲辰 离乾	乙巳 艮兑	丙午 兑离	丁未 乾离	戊申 坤坎	己酉 巽坤	庚戌 震震	辛亥 坤巽	壬子 坎艮	癸丑 乾	离乾
男女	甲寅 艮兑	乙卯 兑艮	丙辰 乾离	丁巳 坤坎	戊午 巽坤	己未 震震	庚申 坤巽	辛酉 坎艮	壬戌 离乾	癸亥 乾	艮兑

下元明天启四年甲子起下元

男女	甲子 兑艮	乙丑 乾离	丙寅 坤坎	丁卯 巽坤	戊辰 震震	己巳 坤巽	庚午 坎艮	辛未 离乾	壬申 艮兑	癸酉 兑艮
男女	甲戌 乾离	乙亥 坤坎	丙子 巽坤	丁丑 震震	戊寅 坤巽	己卯 坎艮	庚辰 离乾	辛巳 艮兑	壬午 兑艮	癸未 乾离
男女	甲申 坤坎	乙酉 巽坤	丙戌 震震	丁亥 坤巽	戊子 坎艮	己丑 离乾	庚寅 艮兑	辛卯 兑艮	壬辰 乾离	癸巳 坤坎
男女	甲午 巽坤	乙未 震震	丙申 坤巽	丁酉 坎艮	戊戌 离乾	己亥 艮兑	庚子 兑艮	辛丑 乾离	壬寅 坤坎	癸卯 巽坤
男女	甲辰 震震	乙巳 坤巽	丙午 坎艮	丁未 离乾	戊申 艮兑	己酉 兑艮	庚戌 乾离	辛亥 坤坎	壬子 巽坤	癸丑 震震
男女	甲寅 坤巽	乙卯 坎艮	丙辰 离乾	丁巳 艮兑	戊午 兑艮	己未 乾离	庚申 坤坎	辛酉 巽坤	壬戌 震震	癸亥 坤巽

大游年歌

乾六天五祸绝延生，伏坎艮震巽离坤兑。
坎五天生延绝祸六，伏艮震巽离坤兑乾。
艮六绝祸生延天五，伏震巽离坤兑乾坎。
震延生祸绝五天六，伏巽离坤兑乾坎艮。
巽天五六祸生绝延，伏离坤兑乾坎艮震。
离六五绝延祸生天，伏坤兑乾坎艮震巽。
坤天延绝生祸五六，伏兑乾坎艮震巽离。
兑生祸延绝六五天，伏乾坎艮震巽离坤。

异授天尺图式

凡屋之尺寸步数，皆宜单，不宜双。门宜三九二尺七寸半阔，七九六尺三寸半高。大双阁，则宜四九三尺六寸半阔，或五九四尺五寸半。宜以四法尺较量之，取四样尺皆吉为准。尺俱不离九数而加半寸，则四样尺俱吉。

尺法

一曰子房尺，二曰曲尺，三曰鲁班尺，四元女尺。俱九寸。又曰：鲁班尺乃木匠常用，一寸管一字，财离病义官劫害本内。"财义官本"四字吉，与此鲁班尺又不相同，不在此论内。

子房尺以九寸为九步：金星吉，火星凶，罗星凶，木星吉，紫气吉，文星凶，计孛凶，月孛凶，水星吉。

曲尺以九寸分九步：第一寸为一白吉，六寸为六白吉，八寸为八白吉，九寸为九紫吉，其二三四五七寸皆凶。

鲁班尺以九寸分十三部：财遂田增、生灾口舌、分定损妻、离乡绝义、招财进宝、旺财吉利、生贵子吉、进财生子、横祸凶神、长病师孤、官司牵连、瘟火退财、进宝吉利。

元女尺以九寸分八部：贵人吉，天灾凶，天祸凶，天财吉，官禄吉，孤独凶，天败凶，辅弼吉。

凡门屋尺寸，俱以此四样尺较量，取其皆吉可也。以一板四寸阔，九寸长，画此四样尺于一面，则吉凶了然。总之数不离九，遇九则吉。以九寸为一尺，以九尺为一丈，再加半寸，则诸尺皆吉也。

造床法

　　床之尺寸，俱宜单数。长宜六尺三寸，或五尺四寸半；阔宜四尺五寸半，小床三尺六寸半。高宜单数。

　　床不宜接脚，不可添新换旧，不宜披头尖，或陀头筍亦可。不宜锯减，不宜裁狭，不宜用樟树。忌神坛坟树。床横宜七根，不宜双。床料宜株梓桐栎椿，亦树之开花结子者。床怕房门相冲，以一屏风抵之乃佳。床宫安本命之生天延三方吉。造床宜吉日，必当令旺相日乃吉，正傍四废毋用，安床日宜忌之。

造灶法

长七尺九寸，上象北斗，下应九州。广四尺，象四时。高三尺，象三才。灶口阔六寸，按六合。高一尺二寸，象十二月。安西釜，象日月。突大八寸，象八风。宜新砖净土，相合杳水，切不可壁泥相杂。以猪肝和泥，令妇人孝顺。凡作灶取土，先除地面上土五寸，取下面净土，以井花水并香和泥大吉。

周易书斋精品书目

书　　名	作　　者	定　价	版别
影印涵芬楼本正统道藏[典藏宣纸版;全512函1120册]	[明]张宇初编	480000.00	九州
影印涵芬楼本正统道藏[再造善本;全512函1120册]	[明]张宇初编	280000.00	九州
重刊术藏[全6箱,精装100册]	谢路军郑同主编	68000.00	九州
续修术藏[全6箱,精装100册]	谢路军郑同主编	68000.00	九州
易藏[全6箱,精装60册]	谢路军郑同主编	48000.00	九州
道藏[全6箱,精装60册]	谢路军郑同主编	48000.00	九州
焦循文集[全精装18册]	[清]焦循撰	9800.00	九州
邵子全书[全精装15册]	[宋]邵雍撰	9600.00	九州
重刻故宫藏百二汉镜斋秘书四种(一):火珠林	宣纸线装1函1册	300.00	华龄
重刻故宫藏百二汉镜斋秘书四种(二):灵棋经	宣纸线装1函1册	300.00	华龄
重刻故宫藏百二汉镜斋秘书四种(三):滴天髓	宣纸线装1函1册	300.00	华龄
重刻故宫藏百二汉镜斋秘书四种(四):测字秘牒	宣纸线装1函1册	300.00	华龄
中外戏法图说:鹅幻汇编鹅幻余编合刊	宣纸线装1函3册	780.00	华龄
连山[宣纸线装一函一册]	[清]马国翰辑	280.00	华龄
归藏[宣纸线装一函一册]	[清]马国翰辑	280.00	华龄
周易虞氏义笺订[宣纸线装一函六册]	[清]李翊灼订	1180.00	华龄
周易参同契通真义	宣纸线装1函2册	480.00	华龄
御制周易[宣纸线装一函三册]	武英殿影宋本	680.00	华龄
宋刻周易本义[宣纸线装一函四册]	[宋]朱熹撰	980.00	华龄
易学启蒙[宣纸线装一函二册]	[宋]朱熹撰	480.00	华龄
易余[宣纸线装一函二册]	[明]方以智撰	480.00	九州
奇门鸣法[宣纸线装一函二册]	[清]龙伏山人撰	680.00	华龄
奇门衍象[宣纸线装一函二册]	[清]龙伏山人撰	480.00	华龄
奇门枢要[宣纸线装一函二册]	[清]龙伏山人撰	480.00	华龄
奇门仙机[宣纸线装一函三册]	王力军校订	298.00	华龄
奇门心法秘纂[宣纸线装一函三册]	王力军校订	298.00	华龄
御定奇门秘诀[宣纸线装一函三册]	[清]湖海居士辑	680.00	华龄
宫藏奇门大全[线装五函二十五册]	[清]湖海居士辑	6800.00	影印
遁甲奇门秘传要旨大全[线装二函十册]	[清]范阳耐寒子辑	6200.00	影印
增广神相全编[线装一函四册]	[明]袁珙订正	980.00	影印
龙伏山人存世文稿[宣纸线装五函十册]	[清]矫子阳撰	2800.00	九州
奇门遁甲鸣法[宣纸线装一函二册]	[清]矫子阳撰	680.00	九州
奇门遁甲衍象[宣纸线装一函二册]	[清]矫子阳撰	480.00	九州
奇门遁甲枢要[宣纸线装一函二册]	[清]矫子阳撰	480.00	九州
遁甲括囊集[宣纸线装一函三册]	[清]矫子阳撰	980.00	九州
增注蒋公古镜歌[宣纸线装一函一册]	[清]矫子阳撰	180.00	九州
明抄真本梅花易数[宣纸线装一函三册]	[宋]邵雍撰	480.00	九州

书　　名	作　者	定　价	版别
古本皇极经世书[宣纸线装一函三册]	[宋]邵雍撰	980.00	九州
订正六壬金口诀[宣纸线装一函六册]	[清]巫国匡辑	1280.00	华龄
六壬神课金口诀[宣纸线装一函三册]	[明]适适子撰	298.00	华龄
改良三命通会[宣纸线装一函四册,第二版]	[明]万民英撰	980.00	华龄
增补选择通书玉匣记[宣纸线装一函二册]	[晋]许逊撰	480.00	华龄
阳宅三要	宣纸线装1函3册	298.00	华龄
绘图全本鲁班经匠家镜	宣纸线装1函4册	680.00	华龄
青囊海角经	宣纸线装1函4册	680.00	华龄
菊逸山房天函:地理点穴撼龙经	宣纸线装1函3册	680.00	华龄
菊逸山房地函:秘藏疑龙经大全	宣纸线装1函1册	280.00	华龄
菊逸山房人函:杨公秘本山法备收	宣纸线装1函1册	280.00	华龄
珍本1:校正全本地学答问	宣纸线装1函3册	680.00	华龄
珍本2:赖仙原本催官经	宣纸线装1函1册	280.00	华龄
珍本3:赖仙催官篇注	宣纸线装1函1册	280.00	华龄
珍本4:尹注赖仙催官篇	宣纸线装1函1册	280.00	华龄
珍本5:赖仙心印	宣纸线装1函1册	280.00	华龄
珍本6:新刻赖太素天星催官解	宣纸线装1函2册	480.00	华龄
珍本7:天机秘传青囊内传	宣纸线装1函1册	280.00	华龄
珍本8:阳宅斗首连篇秘授	宣纸线装1函1册	280.00	华龄
珍本9:精刻编集阳宅真传秘诀	宣纸线装1函2册	480.00	华龄
珍本10:秘传全本六壬玉连环	宣纸线装1函2册	480.00	华龄
珍本11:秘传仙授奇门	宣纸线装1函2册	480.00	华龄
珍本12:祝由科诸符秘卷祝由科诸符秘旨合刊	宣纸线装1函2册	480.00	华龄
珍本13:校正古本入地眼图说	宣纸线装1函2册	480.00	华龄
珍本14:校正全本钻地眼图说	宣纸线装1函2册	480.00	华龄
珍本15:赖公七十二葬法	宣纸线装1函2册	480.00	华龄
珍本16:新刻杨筠松秘传开门放水阴阳捷径	宣纸线装1函2册	480.00	华龄
珍本17:校正古本地理五诀	宣纸线装1函2册	480.00	华龄
珍本18:重校古本地理雪心赋	宣纸线装1函2册	480.00	华龄
珍本19:宋国师吴景鸾先天后天理气心印补注	宣纸线装1函1册	280.00	华龄
珍本20:新刊宋国师吴景鸾秘传夹竹梅花院纂	宣纸线装1函2册	480.00	华龄
珍本21:影印原本任铁樵注滴天髓阐微	宣纸线装1函4册	1080.00	华龄
珍本22:地理真宝一粒粟	宣纸线装1函1册	280.00	华龄
珍本23:聚珍全本天机一贯	宣纸线装1函2册	480.00	华龄
珍本24:阴宅造福秘诀	宣纸线装1函1册	280.00	华龄
珍本25:增补诹吉宝镜图	宣纸线装1函2册	480.00	华龄
珍本26:诹吉便览宝镜图	宣纸线装1函1册	280.00	华龄
珍本27:诹吉便览八卦图	宣纸线装1函1册	280.00	华龄
珍本28:甲遁真授秘集	宣纸线装1函3册	680.00	华龄
珍本29:太上祝由科	宣纸线装1函2册	480.00	华龄
珍本30:邵康节先生心易梅花数	宣纸线装1函1册	280.00	华龄

书　　名	作　者	定　价	版别
子部珍本备要（共360种18万元）		以下分函价	九州
001 岣嵝神书	宣纸线装1函1册	280.00	九州
002 地理唊蔗録	宣纸线装1函4册	880.00	九州
003 地理玄珠精选	宣纸线装1函4册	880.00	九州
004 地理琢玉斧峦头歌括	宣纸线装1函4册	880.00	九州
005 金氏地学粹编	宣纸线装3函8册	1840.00	九州
006 风水一书	宣纸线装1函4册	880.00	九州
007 风水二书	宣纸线装1函4册	880.00	九州
008 增注周易神应六亲百章海底眼	宣纸线装1函1册	280.00	九州
009 卜易指南	宣纸线装1函1册	280.00	九州
010 大六壬占验	宣纸线装1函1册	280.00	九州
011 真本六壬神课金口诀	宣纸线装1函3册	680.00	九州
012 太乙指津	宣纸线装1函2册	480.00	九州
013 太乙金钥匙 太乙金钥匙续集	宣纸线装1函1册	280.00	九州
014 奇门遁甲占验天时	宣纸线装1函2册	480.00	九州
015 南阳掌珍遁甲	宣纸线装1函1册	280.00	九州
016 达摩易筋经 易筋经外经图说 八段锦	宣纸线装1函1册	280.00	九州
017 钦天监彩绘真本推背图	宣纸线装1函2册	680.00	九州
018 清抄全本玉函通秘	宣纸线装1函3册	680.00	九州
019 灵棋经	宣纸线装1函1册	280.00	九州
020 道藏灵符秘法	宣纸线装4函9册	2100.00	九州
021 地理青囊玉尺度金针集	宣纸线装1函6册	1280.00	九州
022 奇门秘传九宫纂要	宣纸线装1函1册	280.00	九州
023 影印清抄耕寸集－真本子平真诠	宣纸线装1函2册	480.00	九州
024 新刊合并官板音义评注渊海子平	宣纸线装1函2册	480.00	九州
025 影抄宋本五行精纪	宣纸线装1函6册	1080.00	九州
026 影印明刻阴阳五要奇书1－郭氏阴阳元经	宣纸线装1函2册	480.00	九州
027 影印明刻阴阳五要奇书2－克择璇玑括要	宣纸线装1函1册	280.00	九州
028 影印明刻阴阳五要奇书3－阳明按索图	宣纸线装1函2册	480.00	九州
029 影印明刻阴阳五要奇书4－佐玄直指	宣纸线装1函2册	480.00	九州
030 影印明刻阴阳五要奇书5－三白宝海钩玄	宣纸线装1函1册	280.00	九州
031 相命图诀许负相法十六篇合刊	宣纸线装1函1册	280.00	九州
032 玉掌神相神相铁关刀合刊	宣纸线装1函1册	280.00	九州
033 古本太乙淘金歌	宣纸线装1函1册	280.00	九州
034 重刊地理葬埋黑通书	宣纸线装1函2册	480.00	九州
035 壬归	宣纸线装1函2册	480.00	九州
036 大六壬苗公鬼撮脚二种合刊	宣纸线装1函1册	280.00	九州
037 大六壬鬼撮脚射覆	宣纸线装1函2册	480.00	九州
038 大六壬金柜经	宣纸线装1函1册	280.00	九州
039 纪氏奇门秘书仕学备余	宣纸线装1函1册	280.00	九州

书　名	作者	定价	版别
040 八门九星阴阳二遁全本奇门断	宣纸线装 2 函 18 册	3680.00	九州
041 李卫公奇门心法	宣纸线装 1 函 1 册	280.00	九州
042 武侯行兵遁甲金函玉镜海底眼	宣纸线装 1 函 1 册	280.00	九州
043 诸葛武侯奇门千金诀	宣纸线装 1 函 1 册	280.00	九州
044 隔夜神算	宣纸线装 1 函 1 册	280.00	九州
045 地理五种秘笈合刊	宣纸线装 1 函 1 册	280.00	九州
046 地理雪心赋句解	宣纸线装 1 函 2 册	480.00	九州
047 九天玄女青囊经	宣纸线装 1 函 1 册	280.00	九州
048 考定撼龙经	宣纸线装 1 函 1 册	280.00	九州
049 刘江东家藏善本葬书	宣纸线装 1 函 1 册	280.00	九州
050 杨公六段玄机赋杨筠松安门楼玉辇经合刊	宣纸线装 1 函 1 册	280.00	九州
051 风水金鉴	宣纸线装 1 函 1 册	280.00	九州
052 新镌碎玉剖秘地理不求人	宣纸线装 1 函 2 册	480.00	九州
053 阳宅八门金光斗临经	宣纸线装 1 函 1 册	280.00	九州
054 新镌徐氏家藏罗经顶门针	宣纸线装 1 函 2 册	480.00	九州
055 影印乾隆丙午刻本地理五诀	宣纸线装 1 函 4 册	880.00	九州
056 地理诀要雪心赋	宣纸线装 1 函 2 册	480.00	九州
057 蒋氏平阶家藏善本插泥剑	宣纸线装 1 函 1 册	280.00	九州
058 蒋大鸿家传地理归厚录	宣纸线装 1 函 1 册	280.00	九州
059 蒋大鸿家传三元地理秘书	宣纸线装 1 函 1 册	280.00	九州
060 蒋大鸿家传天星选择秘旨	宣纸线装 1 函 1 册	280.00	九州
061 撼龙经批注校补	宣纸线装 1 函 4 册	880.00	九州
062 疑龙经批注校补一全	宣纸线装 1 函 1 册	280.00	九州
063 种筠书屋较订山法诸书	宣纸线装 1 函 2 册	480.00	九州
064 堪舆倒杖诀 拨砂经遗篇 合刊	宣纸线装 1 函 1 册	280.00	九州
065 认龙天宝经	宣纸线装 1 函 1 册	280.00	九州
066 天机望龙经刘氏心法 杨公骑龙穴诗合刊	宣纸线装 1 函 1 册	280.00	九州
067 风水一夜仙秘传三种合刊	宣纸线装 1 函 1 册	280.00	九州
068 新镌地理八窍	宣纸线装 1 函 2 册	480.00	九州
069 地理解醒	宣纸线装 1 函 1 册	280.00	九州
070 峦头指迷	宣纸线装 1 函 3 册	680.00	九州
071 茅山上清灵符	宣纸线装 1 函 2 册	480.00	九州
072 茅山上清镇禳摄制秘法	宣纸线装 1 函 1 册	280.00	九州
073 天医祝由科秘抄	宣纸线装 1 函 2 册	480.00	九州
074 千镇百镇桃花镇	宣纸线装 1 函 2 册	480.00	九州
075 轩辕碑记医学祝由十三科治病奇书合刊	宣纸线装 1 函 1 册	280.00	九州
076 清抄真本祝由科秘诀全书	宣纸线装 1 函 3 册	680.00	九州
077 增补秘传万法归宗	宣纸线装 1 函 2 册	480.00	九州
078 祝由科诸符秘卷祝由科诸符秘旨合刊	宣纸线装 1 函 1 册	280.00	九州
079 辰州符咒大全	宣纸线装 1 函 4 册	880.00	九州

书　名	作　者	定　价	版别
080 万历初刻三命通会	宣纸线装 2 函 12 册	2480.00	九州
081 新编三车一览子平渊源注解	宣纸线装 1 函 3 册	680.00	九州
082 命理用神精华	宣纸线装 1 函 3 册	680.00	九州
083 命学探骊集	宣纸线装 1 函 1 册	280.00	九州
084 相诀摘要	宣纸线装 1 函 2 册	480.00	九州
085 相法秘传	宣纸线装 1 函 1 册	280.00	九州
086 新编相法五总龟	宣纸线装 1 函 1 册	280.00	九州
087 相学统宗心易秘传	宣纸线装 1 函 2 册	480.00	九州
088 秘本大清相法	宣纸线装 1 函 2 册	480.00	九州
089 相法易知	宣纸线装 1 函 1 册	280.00	九州
090 星命风水秘传	宣纸线装 1 函 1 册	280.00	九州
091 大六壬隔山照	宣纸线装 1 函 2 册	480.00	九州
092 大六壬考正	宣纸线装 1 函 1 册	280.00	九州
093 大六壬类阐	宣纸线装 1 函 2 册	480.00	九州
094 六壬心镜集注	宣纸线装 1 函 1 册	280.00	九州
095 遁甲吾学编	宣纸线装 1 函 2 册	480.00	九州
096 刘明江家藏善本奇门衍象	宣纸线装 1 函 1 册	280.00	九州
097 遁甲天书秘文	宣纸线装 1 函 2 册	480.00	九州
098 金枢符应秘文	宣纸线装 1 函 2 册	480.00	九州
099 秘传金函奇门隐遁丁甲法书	宣纸线装 1 函 2 册	480.00	九州
100 六壬行军指南	宣纸线装 2 函 10 册	2080.00	九州
101 家藏阴阳二宅秘诀线法	宣纸线装 1 函 2 册	480.00	九州
102 阳宅一书阴宅一书合刊	宣纸线装 1 函 1 册	280.00	九州
103 地理法门全书	宣纸线装 1 函 1 册	280.00	九州
104 四真全书玉钥匙	宣纸线装 1 函 1 册	280.00	九州
105 重刊官板玉髓真经	宣纸线装 1 函 4 册	880.00	九州
106 明刊阳宅真诀	宣纸线装 1 函 2 册	480.00	九州
107 阳宅指南	宣纸线装 1 函 1 册	280.00	九州
108 阳宅秘传三书	宣纸线装 1 函 1 册	280.00	九州
109 阳宅都天滚盘珠	宣纸线装 1 函 1 册	280.00	九州
110 纪氏地理水法要诀	宣纸线装 1 函 1 册	280.00	九州
111 李默斋先生地理辟径集	宣纸线装 1 函 2 册	480.00	九州
112 李默斋先生辟径集续篇 地理秘缺	宣纸线装 1 函 2 册	480.00	九州
113 地理辨正自解	宣纸线装 1 函 1 册	280.00	九州
114 形家五要全编	宣纸线装 1 函 4 册	880.00	九州
115 地理辨正抉要	宣纸线装 1 函 1 册	280.00	九州
116 地理辨正揭隐	宣纸线装 1 函 1 册	280.00	九州
117 地学铁骨秘	宣纸线装 1 函 1 册	280.00	九州
118 地理辨正发秘初稿	宣纸线装 1 函 1 册	280.00	九州
119 三元宅墓图	宣纸线装 1 函 1 册	280.00	九州

书名	作者	定价	版别
120 参赞玄机地理仙婆集	宣纸线装 2 函 8 册	1680.00	九州
121 幕讲禅师玄空秘旨浅注外七种	宣纸线装 1 函 1 册	280.00	九州
122 玄空挨星图诀	宣纸线装 1 函 1 册	280.00	九州
123 影印稿本玄空地理筌蹄	宣纸线装 1 函 1 册	280.00	九州
124 玄空古义四种通释	宣纸线装 1 函 2 册	480.00	九州
125 地理疑义答问	宣纸线装 1 函 1 册	280.00	九州
126 王元极地理辨正冒禁录	宣纸线装 1 函 1 册	280.00	九州
127 王元极校补天元选择辨正	宣纸线装 1 函 3 册	680.00	九州
128 王元极选择辨真全书	宣纸线装 1 函 1 册	280.00	九州
129 王元极增批地理冰海原本地理冰海合刊	宣纸线装 1 函 1 册	280.00	九州
130 王元极三元阳宅萃篇	宣纸线装 1 函 2 册	480.00	九州
131 尹一勺先生地理精语	宣纸线装 1 函 1 册	280.00	九州
132 古本地理元真	宣纸线装 1 函 2 册	480.00	九州
133 杨公秘本搜地灵	宣纸线装 1 函 1 册	280.00	九州
134 秘藏千里眼	宣纸线装 1 函 1 册	280.00	九州
135 道光刊本地理或问	宣纸线装 1 函 1 册	280.00	九州
136 影印稿本地理秘诀	宣纸线装 1 函 2 册	480.00	九州
137 地理秘诀隔山照 地理括要 合刊	宣纸线装 1 函 1 册	280.00	九州
138 地理前后五十段	宣纸线装 1 函 2 册	480.00	九州
139 心耕书屋藏本地经图说	宣纸线装 1 函 1 册	280.00	九州
140 地理古本道法双谭	宣纸线装 1 函 1 册	280.00	九州
141 奇门遁甲元灵经	宣纸线装 1 函 1 册	280.00	九州
142 黄帝遁甲归藏大意 白猿真经 合刊	宣纸线装 1 函 1 册	280.00	九州
143 遁甲符应经	宣纸线装 1 函 2 册	480.00	九州
144 遁甲通明钤	宣纸线装 1 函 1 册	280.00	九州
145 景祐奇门秘纂	宣纸线装 1 函 2 册	480.00	九州
146 奇门先天要论	宣纸线装 1 函 2 册	480.00	九州
147 御定奇门古本	宣纸线装 1 函 2 册	480.00	九州
148 奇门吉凶格解	宣纸线装 1 函 1 册	280.00	九州
149 御定奇门宝鉴	宣纸线装 1 函 3 册	680.00	九州
150 奇门阐易	宣纸线装 1 函 2 册	480.00	九州
151 六壬总论	宣纸线装 1 函 1 册	280.00	九州
152 稿抄本大六壬翠羽歌	宣纸线装 1 函 1 册	280.00	九州
153 都天六壬神课	宣纸线装 1 函 1 册	280.00	九州
154 大六壬易简	宣纸线装 1 函 2 册	480.00	九州
155 太上六壬明鉴符阴经	宣纸线装 1 函 1 册	280.00	九州
156 增补关煞袖里金百中经	宣纸线装 1 函 1 册	280.00	九州
157 演禽三世相法	宣纸线装 1 函 2 册	480.00	九州
158 合婚便览 和合婚姻咒 合刊	宣纸线装 1 函 1 册	280.00	九州
159 神数十种	宣纸线装 1 函 1 册	280.00	九州

书　名	作　者	定　价	版别
160 神机灵数一掌经金钱课合刊	宣纸线装1函1册	280.00	九州
161 阴阳二宅易知录	宣纸线装1函2册	480.00	九州
162 阴宅镜	宣纸线装1函2册	480.00	九州
163 阳宅镜	宣纸线装1函1册	280.00	九州
164 清精抄本六圃地学	宣纸线装1函1册	280.00	九州
165 形峦神断书	宣纸线装1函1册	280.00	九州
166 堪舆三昧	宣纸线装1函1册	280.00	九州
167 遁甲奇门捷要	宣纸线装1函1册	280.00	九州
168 奇门遁甲备览	宣纸线装1函1册	280.00	九州
169 原传真本石室藏本圆光真传秘诀合刊	宣纸线装1函1册	280.00	九州
170 明抄全本壬归	宣纸线装1函4册	880.00	九州
171 董德彰水法秘诀水法断诀合刊	宣纸线装1函1册	280.00	九州
172 董德彰先生水法图说	宣纸线装1函1册	280.00	九州
173 董德彰先生泄天机纂要	宣纸线装1函2册	480.00	九州
174 李默斋先生地理秘传	宣纸线装1函2册	480.00	九州
175 新锓希夷陈先生紫微斗数全书	宣纸线装1函3册	680.00	九州
176 海源阁藏明刊麻衣相法全编	宣纸线装1函2册	480.00	九州
177 袁忠彻先生相法秘传	宣纸线装1函3册	680.00	九州
178 火珠林要旨 筮杙	宣纸线装1函2册	480.00	九州
179 火珠林占法秘传 续筮杙	宣纸线装1函1册	280.00	九州
180 六壬类聚	宣纸线装1函4册	880.00	九州
181 新刻麻衣相神异赋	宣纸线装1函1册	280.00	九州
182 诸葛武侯奇门遁甲全书	宣纸线装1函2册	480.00	九州
183 张九仪传地理偶摘	宣纸线装1函1册	280.00	九州
184 张九仪传地理偶注	宣纸线装1函1册	280.00	九州
185 阳宅玄珠	宣纸线装1函1册	280.00	九州
186 阴宅总论	宣纸线装1函1册	280.00	九州
187 新刻杨救贫秘传阴阳二宅便用统宗	宣纸线装1函1册	280.00	九州
188 增补理气图说	宣纸线装1函2册	480.00	九州
189 增补罗经图说	宣纸线装1函1册	280.00	九州
190 重镌官板阳宅大全	宣纸线装1函4册	880.00	九州
191 景祐太乙福应经	宣纸线装1函1册	280.00	九州
192 景祐遁甲符应经	宣纸线装1函1册	280.00	九州
193 景祐六壬神定经	宣纸线装1函1册	280.00	九州
194 御制禽遁符应经	宣纸线装1函2册	480.00	九州
195 秘传匠家鲁班经符法	宣纸线装1函3册	680.00	九州
196 哈佛藏本太史黄际飞注天玉经	宣纸线装1函1册	280.00	九州
197 李三素先生红囊经解	宣纸线装1函1册	280.00	九州
198 杨曾青囊天玉通义	宣纸线装1函1册	280.00	九州
199 重编大清钦天监焦秉贞彩绘历代推背图解	宣纸线装1函2册	680.00	九州

书　名	作　者	定　价	版别
200 道光初刻相理衡真	宣纸线装1函4册	880.00	九州
201 新刻袁柳庄先生秘传相法	宣纸线装1函3册	680.00	九州
202 袁忠彻相法古今识鉴	宣纸线装1函2册	480.00	九州
203 袁天纲五星三命指南	宣纸线装1函2册	480.00	九州
204 新刻五星玉镜	宣纸线装1函3册	680.00	九州
205 游艺录:筮遁壬行年斗数相宅	宣纸线装1函1册	280.00	九州
206 新订王氏罗经透解	宣纸线装1函2册	480.00	九州
207 堪舆真诠	宣纸线装1函3册	680.00	九州
208 青囊天机奥旨二种	宣纸线装1函1册	280.00	九州
209 张九仪传地理偶录	宣纸线装1函1册	280.00	九州
210 地学形势集	宣纸线装1函8册	1680.00	九州
211 神相水镜集	宣纸线装1函4册	880.00	九州
212 稀见相学秘笈四种合刊	宣纸线装1函2册	480.00	九州
213 神相金较剪	宣纸线装1函1册	280.00	九州
214 神相证验百条	宣纸线装1函2册	480.00	九州
215 全本神相全编	宣纸线装1函3册	680.00	九州
216 神相全编正义	宣纸线装1函3册	680.00	九州
217 八宅明镜	宣纸线装1函2册	480.00	九州
218 阳宅卜居秘髓	宣纸线装1函3册	680.00	九州
219 地理乾坤法窍	宣纸线装1函3册	680.00	九州
220 秘传廖公画筴拨砂经	宣纸线装1函4册	880.00	九州
221 地理囊金集注	宣纸线装1函1册	280.00	九州
222 赤松子罗经要旨	宣纸线装1函1册	280.00	九州
223 萧仙地理心法堪舆经	宣纸线装1函2册	480.00	九州
224 新刻地理搜龙奥语	宣纸线装1函2册	480.00	九州
225 新刻风水珠神真经	宣纸线装1函2册	480.00	九州
226 寻龙点穴地理索隐	宣纸线装1函1册	280.00	九州
227 杨公撼龙经考注	宣纸线装1函2册	480.00	九州
228 李德贞秘授三元秘诀	宣纸线装1函1册	280.00	九州
229 地理支陇乘气论	宣纸线装1函2册	480.00	九州
230 道光刻全本相山撮要	宣纸线装2函6册	1500.00	九州
231 药王真传祝由科全编	宣纸线装1函1册	280.00	九州
232 梵音斗科符箓秘书	宣纸线装1函2册	580.00	九州
233 御定奇门灵占	宣纸线装1函4册	880.00	九州
234 御定奇门宝镜图	宣纸线装1函2册	480.00	九州
235 汇纂大六壬玉钥匙心诀	宣纸线装1函1册	280.00	九州
236 补完直解六壬五变中黄经	宣纸线装1函2册	480.00	九州
237 六壬节要直讲	宣纸线装1函2册	480.00	九州
238 六壬神课捷要占验	宣纸线装1函1册	280.00	九州
239 六壬袖传神课捷要	宣纸线装1函1册	280.00	九州
240 秘藏大六壬大全善本	宣纸线装2函8册	1800.00	九州

书　名	作　者	定　价	版别
增补四库青乌辑要[宣纸线装全18函59册]	郑同校	11680.00	九州
第1种:宅经[宣纸线装1册]	[署]黄帝撰	180.00	九州
第2种:葬书[宣纸线装1册]	[晋]郭璞撰	220.00	九州
第3种:青囊序青囊奥语天玉经[宣纸线装1册]	[唐]杨筠松撰	220.00	九州
第4种:黄囊经[宣纸线装1册]	[唐]杨筠松撰	220.00	九州
第5种:黑囊经[宣纸线装2册]	[唐]杨筠松撰	380.00	九州
第6种:锦囊经[宣纸线装1册]	[晋]郭璞撰	200.00	九州
第7种:天机贯旨红囊经[宣纸线装2册]	[清]李三素撰	380.00	九州
第8种:玉函天机素书/至宝经[宣纸线装1册]	[明]董德彰撰	200.00	九州
第9种:天机一贯[宣纸线装2册]	[清]李三素撰辑	380.00	九州
第10种:撼龙经[宣纸线装1册]	[唐]杨筠松撰	200.00	九州
第11种:疑龙经葬法倒杖[宣纸线装1册]	[唐]杨筠松撰	220.00	九州
第12种:疑龙经辨正[宣纸线装1册]	[唐]杨筠松撰	200.00	九州
第13种:寻龙记太华经[宣纸线装1册]	[唐]曾文辿撰	220.00	九州
第14种:宅谱要典[宣纸线装2册]	[清]铣溪野人校	380.00	九州
第15种:阳宅必用[宣纸线装2册]	心灯大师校订	380.00	九州
第16种:阳宅撮要[宣纸线装2册]	[清]吴鼒撰	380.00	九州
第17种:阳宅正宗[宣纸线装1册]	[清]姚承舆撰	200.00	九州
第18种:阳宅指掌[宣纸线装2册]	[清]黄海山人撰	380.00	九州
第19种:相宅新编[宣纸线装1册]	[清]焦循校刊	240.00	九州
第20种:阳宅井明[宣纸线装2册]	[清]邓颖出撰	380.00	九州
第21种:阴宅井明[宣纸线装1册]	[清]邓颖出撰	220.00	九州
第22种:灵城精义[宣纸线装2册]	[南唐]何溥撰	380.00	九州
第23种:龙穴砂水说[宣纸线装1册]	清抄秘本	180.00	九州
第24种:三元水法秘诀[宣纸线装2册]	清抄秘本	380.00	九州
第25种:罗经秘传[宣纸线装2册]	[清]傅禹辑	380.00	九州
第26种:穿山透地真传[宣纸线装2册]	[清]张九仪撰	380.00	九州
第27种:催官篇发微论[宣纸线装2册]	[宋]赖文俊撰	380.00	九州
第28种:入地眼神断要诀[宣纸线装2册]	清抄秘本	380.00	九州
第29种:玄空大卦秘断[宣纸线装1册]	清抄秘本	200.00	九州
第30种:玄空大五行真传口诀[宣纸线装1册]	[明]蒋大鸿等撰	220.00	九州
第31种:杨曾九宫颠倒打劫图说[宣纸线装1册]	[唐]杨筠松撰	200.00	九州
第32种:乌兔经奇验经[宣纸线装1册]	[唐]杨筠松撰	180.00	九州
第33种:挨星考注[宣纸线装1册]	[清]汪董缘订定	260.00	九州
第34种:地理挨星说汇要[宣纸线装1册]	[明]蒋大鸿撰辑	220.00	九州
第35种:地理捷诀[宣纸线装1册]	[清]傅禹辑	200.00	九州
第36种:地理三仙秘旨[宣纸线装1册]	清抄秘本	200.00	九州
第37种:地理三字经[宣纸线装3册]	[清]程思乐撰	580.00	九州
第38种:地理雪心赋注解[宣纸线装2册]	[唐]卜则巍撰	380.00	九州
第39种:蒋公天元余义[宣纸线装1册]	[明]蒋大鸿等撰	220.00	九州
第40种:地理真传秘旨[宣纸线装3册]	[唐]杨筠松撰	580.00	九州

书　名	作　者	定　价	版别
增补四库未收方术汇刊第一辑（全28函）	线装影印本	11800.00	九州
第一辑01函:火珠林·卜筮正宗	[宋]麻衣道者著	340.00	九州
第一辑02函:全本增删卜易·增删卜易真诠	[清]野鹤老人撰	720.00	九州
第一辑03函:渊海子平音义评注·子平真诠·命理易知	[明]杨淙增校	360.00	九州
第一辑04函:滴天髓·附滴天秘诀·穷通宝鉴:附月谈赋	[宋]京图撰	360.00	九州
第一辑05函:参星秘要诹吉便览·玉函斗首三台通书·精校三元总录	[清]俞荣宽撰	460.00	九州
第一辑06函:陈子性藏书	[清]陈应选撰	580.00	九州
第一辑07函:崇正辟谬永吉通书·选择求真	[清]李奉来辑	500.00	九州
第一辑08函:增补选择通书玉匣记·永宁通书	[晋]许逊撰	400.00	九州
第一辑09函:新增阳宅爱众篇	[清]张觉正撰	480.00	九州
第一辑10函:地理四弹子·地理铅弹子砂水要诀	[清]张九仪注	340.00	九州
第一辑11函:地理五诀	[清]赵九峰著	200.00	九州
第一辑12函:地理直指原真	[清]释如玉撰	280.00	九州
第一辑13函:宫藏真本入地眼全书	[宋]释静道著	680.00	九州
第一辑14函:罗经顶门针·罗经解定·罗经透解	[明]徐之镆撰	360.00	九州
第一辑15函:校正详图青囊经·平砂玉尺经·地理辨正疏	[清]王宗臣著	300.00	九州
第一辑16函:一贯堪舆	[明]唐世友辑	240.00	九州
第一辑17函:阳宅大全·阳宅十书	[明]一壑居士集	600.00	九州
第一辑18函:阳宅大成五种	[清]魏青江撰	600.00	九州
第一辑19函:奇门五总龟·奇门遁甲统宗大全·奇门遁甲元灵经	[明]池纪撰	500.00	九州
第一辑20函:奇门遁甲秘笈全书	[明]刘伯温辑	280.00	九州
第一辑21函:奇门庐中阐秘	[汉]诸葛武侯撰	600.00	九州
第一辑22函:奇门遁甲元机·太乙秘书·六壬大占	[宋]岳珂纂辑	360.00	九州
第一辑23函:性命圭旨	[明]尹真人撰	480.00	九州
第一辑24函:紫微斗数全书	[宋]陈抟撰	200.00	九州
第一辑25函:千镇百镇桃花镇	[清]云石道人校	220.00	九州
第一辑26函:清抄真本祝由科秘诀全书·轩辕碑记医学祝由十三科	[上古]黄帝传	800.00	九州
第一辑27函:增补秘传万法归宗	[唐]李淳风撰	160.00	九州
第一辑28函:神机灵数一掌经金钱课·牙牌神数七种·珍本演禽三世相法	[清]诚文信校	440.00	九州
增补四库未收方术汇刊第二辑（全36函）	线装影印本	13800.00	九州
第二辑第1函:六爻断易一撮金·卜易秘诀海底眼	[宋]邵雍撰	200.00	九州
第二辑第2函:秘传子平渊源	燕山郑同校辑	280.00	九州
第二辑第3函:命理探原	[清]袁树珊撰	280.00	九州
第二辑第4函:命理正宗	[明]张楠撰集	180.00	九州
第二辑第5函:造化玄钥	庄圆校补	220.00	九州
第二辑第6函:命理寻源·子平管见	[清]徐乐吾撰	280.00	九州
第二辑第7函:京本风鉴相法	[明]回阳子校辑	380.00	九州
第二辑第8-9函:钦定协纪辨方书8册	[清]允禄编	780.00	九州
第二辑第10-11函:鳌头通书10册	[明]熊宗立撰辑	880.00	九州

书　　名	作　者	定　价	版别
第二辑第12－13函:象吉通书	[清]魏明远撰辑	1080.00	九州
第二辑第14函:选择宗镜·选择纪要	[朝鲜]南秉吉撰	360.00	九州
第二辑第15函:选择正宗	[清]顾宗秀撰辑	480.00	九州
第二辑第16函:仪度六壬选日要诀	[清]张九仪撰	680.00	九州
第二辑第17函:葬事择日法	郑同校辑	280.00	九州
第二辑第18函:地理不求人	[清]吴明初撰辑	240.00	九州
第二辑第19函:地理大成一:山法全书	[清]叶九升撰	680.00	九州
第二辑第20函:地理大成二:平阳全书	[清]叶九升撰	360.00	九州
第二辑第21函:地理大成三:地理六经注·地理大成四:罗经指南拔雾集·地理大成五:理气四诀	[清]叶九升撰	300.00	九州
第二辑第22函:地理录要	[明]蒋大鸿撰	480.00	九州
第二辑第23函:地理人子须知	[明]徐善继撰	480.00	九州
第二辑第24函:地理四秘全书	[清]尹一勺撰	380.00	九州
第二辑第25－26函:地理天机会元	[明]顾陵冈辑	1080.00	九州
第二辑第27函:地理正宗	[清]蒋宗城校订	280.00	九州
第二辑第28函:全图鲁班经	[明]午荣编	280.00	九州
第二辑第29函:秘传水龙经	[明]蒋大鸿撰	480.00	九州
第二辑第30函:阳宅集成	[清]姚廷銮纂	480.00	九州
第二辑第31函:阴宅集要	[清]姚廷銮纂	240.00	九州
第二辑第32函:辰州符咒大全	[清]觉玄子辑	480.00	九州
第二辑第33函:三元镇宅灵符秘箓·太上洞玄祛病灵符全书	[明]张宇初编	240.00	九州
第二辑第34函:太上混元祈福解灾三部神符	[明]张宇初编	360.00	九州
第二辑第35函:测字秘牒·先天易数·冲天易数/马前课	[清]程省撰	360.00	九州
第二辑第36函:秘传紫微	古朝鲜抄本	240.00	九州
子部善本1:新刊地理玄珠	精装古本影印	380.00	华龄
子部善本2:参赞玄机地理仙婆集	精装古本影印	380.00	华龄
子部善本3:章仲山地理九种(上下)	精装古本影印	760.00	华龄
子部善本4:八门九星阴阳二遁全本奇门断	精装古本影印	760.00	华龄
子部善本5:六壬统宗大全	精装古本影印	380.00	华龄
子部善本6:太乙统宗宝鉴	精装古本影印	380.00	华龄
子部善本7:重刊星海词林(全五册)	精装古本影印	1900.00	华龄
子部善本8:万历初刻三命通会(上下)	精装古本影印	760.00	华龄
子部善本9:增广沈氏玄空学(上下)	精装古本影印	760.00	华龄
子部善本10:江公择日秘稿	精装古本影印	380.00	华龄
子部善本11:刘氏家藏阐微通书(上下)	精装古本影印	760.00	华龄
子部善本12:影印增补高岛易断(上下)	精装古本影印	760.00	华龄
子部善本13:清刻足本铁板神数	精装古本影印	380.00	华龄
子部善本14:增订天官五星集腋(上下)	精装古本影印	760.00	华龄
子部善本15:太乙奇门六壬兵备统宗(上中下)	精装古本影印	1140.00	华龄
子部善本16:御定景祐奇门大全(上下)	精装古本影印	760.00	华龄
子部善本17:地理四秘全书十二种	精装古本影印	380.00	华龄

书 名	作 者	定 价	版别
子部善本18:全本地理统一全书	精装古本影印	380.00	华龄
子部善本19:廖公画策扒砂经(上下)	精装古本影印	760.00	华龄
子部善本20:明刊玉髓真经(上下)	精装古本影印	760.00	华龄
子部善本21:蒋大鸿家藏地学捷旨	精装古本影印	380.00	华龄
子部善本22:阳宅安居金镜	精装古本影印	380.00	华龄
子部善本23:新刊地理紫囊书(上下)	精装古本影印	760.00	华龄
子部善本24:地理大成五种(上下)	精装古本影印	760.00	华龄
子部善本25:初刻鳌头通书大全(上中下)	精装古本影印	1140.00	华龄
子部善本26:初刻象吉备要通书大全(上中下)	精装古本影印	1140.00	华龄
子部善本27:钦定协纪辨方书(武英殿板)(上下)	精装古本影印	760.00	华龄
子部善本28:初刻陈子性藏书(上中下)	精装古本影印	1140.00	华龄
子平遗书第1辑(甲子至戊辰,全三册)	精装古本影印	980.00	华龄
子平遗书第2辑(庚午至甲戌,全三册)	精装古本影印	980.00	华龄
子平遗书第3辑(乙亥至戊子,全三册)	精装古本影印	980.00	华龄
子平遗书第4辑(庚寅至庚子,全三册)	精装古本影印	980.00	华龄
子平遗书第5辑(辛丑至癸丑,全三册)	精装古本影印	980.00	华龄
子平遗书第6辑(甲寅至辛酉,全三册)	精装古本影印	980.00	华龄
风水择吉第一书:辨方(精装)	李明清著	168.00	华龄
珞琭子三命消息赋古注通疏(精装上下)	一明注疏	188.00	华龄
增补高岛易断(简体横排精装上下)	(清)王治本编译	198.00	华龄
中国古代术数基础理论(精装1函5册)	刘昌易著	495.00	团结
飞盘奇门:鸣法体系校释(精装上下)	刘金亮撰	198.00	九州
白话高岛易断(上下)	孙正治孙奥麟译	128.00	九州
润德堂丛书全编1:述卜筮星相学	袁树珊著	38.00	华龄
润德堂丛书全编2:命理探原	袁树珊著	38.00	华龄
润德堂丛书全编3:命谱	袁树珊著	68.00	华龄
润德堂丛书全编4:大六壬探原 养生三要	袁树珊著	38.00	华龄
润德堂丛书全编5:中西相人探原	袁树珊著	38.00	华龄
润德堂丛书全编6:选吉探原 八字万年历	袁树珊著	38.00	华龄
润德堂丛书全编7:中国历代卜人传(上中下)	袁树珊著	168.00	华龄
三式汇刊1:大六壬口诀纂	[明]林昌长辑	68.00	华龄
三式汇刊2:大六壬集应钤	[明]黄宾廷撰	198.00	华龄
三式汇刊3:奇门大全秘纂	[清]湖海居士撰	68.00	华龄
三式汇刊4:大六壬总归	[宋]郭子晟撰	58.00	华龄
三式汇刊5:大六壬心镜	[唐]徐道符辑	48.00	华龄
三式汇刊6:壬窍	[清]无无野人撰	48.00	华龄
青囊汇刊1:青囊秘要	[晋]郭璞等撰	48.00	华龄
青囊汇刊2:青囊海角经	[晋]郭璞等撰	48.00	华龄
青囊汇刊3:阳宅十书	[明]王君荣撰	48.00	华龄
青囊汇刊4:秘传水龙经	[明]蒋大鸿撰	68.00	华龄
青囊汇刊5:管氏地理指蒙	[三国]管辂撰	48.00	华龄

书 名	作 者	定 价	版别
青囊汇刊6:地理山洋指迷	[明]周景一撰	32.00	华龄
青囊汇刊7:地学答问	[清]魏清江撰	58.00	华龄
青囊汇刊8:地理铅弹子砂水要诀	[清]张九仪撰	68.00	华龄
青囊汇刊9:地理唛蔗录	[清]袁守定著	48.00	华龄
青囊汇刊10:八宅明镜	[清]箬冠道人编	48.00	华龄
青囊汇刊11:罗经透解	[清]王道亨著	58.00	华龄
青囊汇刊12:阳宅三要	[清]赵玉材撰	48.00	华龄
子平汇刊1:渊海子平大全	[宋]徐子平撰	48.00	华龄
子平汇刊2:秘本子平真诠	[清]沈孝瞻撰	38.00	华龄
子平汇刊3:命理金鉴	[清]志于道撰	38.00	华龄
子平汇刊4:秘授滴天髓阐微	[清]任铁樵注	48.00	华龄
子平汇刊5:穷通宝鉴评注	[清]徐乐吾注	48.00	华龄
子平汇刊6:神峰通考命理正宗	[明]张楠撰	38.00	华龄
子平汇刊7:新校命理探原	[清]袁树珊撰	48.00	华龄
子平汇刊8:重校绘图袁氏命谱	[清]袁树珊撰	68.00	华龄
子平汇刊9:增广汇校三命通会(全三册)	[明]万民英撰	168.00	华龄
纳甲汇刊1:校正全本增删卜易	郑同点校	68.00	华龄
纳甲汇刊2:校正全本卜筮正宗	郑同点校	48.00	华龄
纳甲汇刊3:校正全本易隐	郑同点校	48.00	华龄
纳甲汇刊4:校正全本易冒	郑同点校	48.00	华龄
纳甲汇刊5:校正全本易林补遗	郑同点校	38.00	华龄
纳甲汇刊6:校正全本卜筮全书	郑同点校	68.00	华龄
古今图书集成术数丛刊:卜筮(全二册)	[清]陈梦雷辑	80.00	华龄
古今图书集成术数丛刊:堪舆(全二册)	[清]陈梦雷辑	120.00	华龄
古今图书集成术数丛刊:相术(全一册)	[清]陈梦雷辑	60.00	华龄
古今图书集成术数丛刊:选择(全一册)	[清]陈梦雷辑	50.00	华龄
古今图书集成术数丛刊:星命(全三册)	[清]陈梦雷辑	180.00	华龄
古今图书集成术数丛刊:术数(全三册)	[清]陈梦雷辑	200.00	华龄
四库全书术数初集(全四册)	郑同点校	200.00	华龄
四库全书术数二集(全三册)	郑同点校	150.00	华龄
四库全书术数三集:钦定协纪辨方书(全二册)	郑同点校	98.00	华龄
增补鳌头通书大全(全三册)	[明]熊宗立撰辑	180.00	华龄
增补象吉备要通书大全(全三册)	[清]魏明远撰辑	180.00	华龄
增广沈氏玄空学	郑同点校	68.00	华龄
地理点穴撼龙经	郑同点校	32.00	华龄
绘图地理人子须知(上下)	郑同点校	78.00	华龄
玉函通秘	郑同点校	48.00	华龄
绘图入地眼全书	郑同点校	28.00	华龄
绘图地理五诀	郑同点校	48.00	华龄
一本书弄懂风水	郑同著	48.00	华龄
风水罗盘全解	傅洪光著	58.00	华龄

书　　名	作者	定价	版别
堪舆精论	胡一鸣著	29.80	华龄
堪舆的秘密	宝通著	36.00	华龄
中国风水学初探	曾涌哲	58.00	华龄
全息太乙(修订版)	李德润著	68.00	华龄
时空太乙(修订版)	李德润著	68.00	华龄
故宫珍本六壬三书(上下)	张越点校	128.00	华龄
大六壬通解(全三册)	叶飘然著	168.00	华龄
壬占汇选(精抄历代六壬占验汇选)	肖岱宗点校	48.00	华龄
大六壬指南	郑同点校	28.00	华龄
六壬金口诀指玄	郑同点校	28.00	华龄
大六壬寻源编[全三册]	[清]周蟫辑录	180.00	华龄
六壬辨疑　毕法案录	郑同点校	32.00	华龄
时空太乙(修订版)	李德润著	68.00	华龄
全息太乙(修订版)	李德润著	68.00	华龄
大六壬断案疏证	刘科乐著	58.00	华龄
六壬时空	刘科乐著	68.00	华龄
御定奇门宝鉴	郑同点校	58.00	华龄
御定奇门阳遁九局	郑同点校	78.00	华龄
御定奇门阴遁九局	郑同点校	78.00	华龄
奇门秘占合编:奇门庐中阐秘·四季开门	[汉]诸葛亮撰	68.00	华龄
奇门探索录	郑同编订	38.00	华龄
奇门遁甲秘笈大全	郑同点校	48.00	华龄
奇门旨归	郑同点校	48.00	华龄
奇门法窍	[清]锡孟樨撰	48.00	华龄
奇门精粹——奇门遁甲典籍大全	郑同点校	68.00	华龄
御定子平	郑同点校	48.00	华龄
增补星平会海全书	郑同点校	68.00	华龄
五行精纪:命理通考五行渊微	郑同点校	38.00	华龄
绘图三元总录	郑同编校	48.00	华龄
绘图全本玉匣记	郑同编校	32.00	华龄
周易初步:易学基础知识36讲	张绍金著	32.00	华龄
周易与中医养生:医易心法	成铁智著	32.00	华龄
梅花心易阐微	[清]杨体仁撰	48.00	华龄
梅花易数讲义	郑同著	58.00	华龄
白话梅花易数	郑同编著	30.00	华龄
梅花周易数全集	郑同点校	58.00	华龄
一本书读懂易经	郑同著	38.00	华龄
白话易经	郑同编著	38.00	华龄
知易术数学:开启术数之门	赵知易著	48.00	华龄
术数入门——奇门遁甲与京氏易学	王居恭著	48.00	华龄
周易虞氏义笺订(上下)	[清]李翊灼校订	78.00	九州

书　名	作　者	定　价	版别
阴阳五要奇书	[晋]郭璞撰	88.00	九州
壬奇要略（全5册：大六壬集应钤3册，大六壬口诀纂1册，御定奇门秘纂1册）	肖岱宗郑同点校	300.00	九州
周易明义	邸勇强著	73.00	九州
论语明义	邸勇强著	37.00	九州
中国风水史	傅洪光撰	32.00	九州
古本催官篇集注	李佳明校注	48.00	九州
鲁班经讲义	傅洪光著	48.00	九州
天星姓名学	侯景波著	38.00	燕山
解梦书	郑同、傅洪光著	58.00	燕山

　　周易书斋是国内最大的易学术数类图书邮购服务的专业书店，成立于2001年，现有易学及术数类图书现货6000余种，在海内外易学研究者中有着巨大的影响力。通讯地址：北京市102488信箱58分箱　邮编：102488　王兰梅收。

　1、学易斋官方旗舰店网址：xyz888. jd. com　微信号：xyz15652026606
　2、联系人：王兰梅　电话：13716780854，15652026606，（010）89360046
　3、邮购费用固定，不论册数多少，每次收费7元。
　4、银行汇款：户名：**王兰梅**。
　　　邮政：601006359200109796　农行：6228480010308994218
　　　工行：0200299001020728724　建行：1100579980130074603
　　　交行：6222600910053875983　支付宝：13716780854
　5、QQ：（周易书斋2）2839202242；QQ群：（周易书斋书友会）140125362。

北京周易书斋敬启